Manfred Steglich
Montaignes Vermächtnis

AF191973

Manfred Steglich

Montaignes Vermächtnis

Über die Kunst des Essays

Bibliografische Information der Deutschen Nationalbibliothek: Die
Deutsche Nationalbibliothek verzeichnet diese Publikation in der
Deutschen Nationalbibliografie; detaillierte bibliografische Daten sind
im Internet über http://dnb.dnb.de abrufbar.

Verlag: BoD · Books on Demand GmbH, Überseering 33, 22297
Hamburg, bod@bod.de

Druck: Libri Plureos GmbH, Friedensallee 273, 22763 Hamburg

ISBN: 978-3-8482-5264-0

Inhaltsverzeichnis

DAS UNABGESCHLOSSENE DENKEN

Der Essay als Ort der Wahrheit

Tastende Wahrheit: Der Essay als Denkbewegung

Essayistisches Schreiben ist die Kunst, dem Gegenstand nicht zu verfallen, sondern ihn, in immer neuen Anläufen, tastend zu umkreisen, als wäre die Wahrheit ein Gestirn, das sich nur im Spiel der Konstellationen offenbart. Der Gedanke, der sich dem System verweigert, sucht nicht die Herrschaft über das Begriffene, sondern die Freiheit, im Schwebezustand des Fragens zu verweilen. Adornos Stil, der sich der Starrheit des Dogmas entzieht, ist die Form gewordene Skepsis, die den Leser nicht zum Konsumenten fertiger Wahrheiten, sondern zum Mitspieler im Experiment des Denkens macht.

Im Spiel der Begriffe: Die Sprache des Essays als Widerstand

Im Essay findet das Denken seine Probe aufs Exempel: Es ist der Versuch, das Unabschließbare nicht zu leugnen, sondern produktiv zu machen, indem die Begriffe in ihrer Beweglichkeit bewahrt und ihre Bedeutungen im Kontext neu verknüpft werden. Die Sprache selbst wird dabei zum Medium des Widerstands gegen das bloß Faktische, indem sie, ironisch und reflektierend, das Gegebene als Mögliches und das Mögliche als Gegebenes erscheinen lässt.

Gegen das Allgemeine: Genauigkeit in der Schwebe

So ist der essayistische Stil nicht Ausdruck von Beliebigkeit, sondern von Genauigkeit, die sich weigert, das Einzelne dem Allgemeinen zu opfern. Der Gedanke bleibt in der Schwebe, nicht aus Mangel an Entschiedenheit, sondern aus Treue zur Vielschichtigkeit des Wirklichen. Der Essay, ist die Form, in der der Geist seine Freiheit behauptet – gegen die Gewalt der Systeme und die Versuchung des Endgültigen.

Das Wagnis des Selbstdenkens: Montaignes Vermächtnis

In dieser Bewegung, die sich dem Endgültigen verweigert, klingt Montaignes ursprüngliches „Essai" nach: das Wagnis, das eigene Denken als Kostprobe, als Selbstgespräch, dem Leser zur Prüfung vorgelegt, in Szene zu setzen. Der Essay, so verstanden, ist keine Miniatur-Ganzheit, kein in sich ruhendes Fragment, sondern ein offener Prozess, dessen Form allein im fortwährenden Wägen und Tarieren des Gedankens besteht.

Konstellationen statt Gebäude: Adornos essayistische Form

Adorno übernimmt von Montaigne die Skepsis gegenüber dem abgeschlossenen System und macht daraus eine Tugend der Form: Der Essay ist nicht das Gebäude, sondern die Konstellation, in der die Begriffe aufscheinen wie Sterne, deren Licht sich nur im Zusammenspiel entfaltet. Der Gedanke bleibt im Fluss, die Sätze brechen ab, wo das Sagbare an seine Grenze stößt, und laden den Leser ein, die fehlenden Verbindungen selbst herzustellen.

Wahrheit im Fragment: Adornos "Der Essay als Form"

Adorno selbst realisiert in "Der Essay als Form" jene Paradoxie, die er beschreibt: Der Text ist Reflexion in Bewegung, widerständig gegen Systematik und dennoch durchdrungen von methodischer Sorgfalt. Seine Sätze gleichen Versuchsreihen, in denen sich der Gedanke tastend entfaltet und zugleich seine eigenen Voraussetzungen prüft. Die Negativität, die sein Stil behauptet, ist keine bloße Verneinung, sondern ein strukturelles Verfahren: das Denken durch Differenz, das Fortschreiten durch Umkreisung, das Erkennen im Scheitern. So entsteht eine Sprache, die nicht zur Ruhe kommt, sondern ihr eigenes Stottern zur Signatur der Wahrheit macht.

Schule der Offenheit: Denken als Bewegung

So wird der Essay zur Schule der Offenheit, in der das Denken nicht zur Ruhe kommt, sondern in der Schwebe bleibt – aus Treue zur Vielschichtigkeit des Wirklichen und im Bewusstsein, dass jede Klärung zugleich eine neue Verrätselung gebiert. Montaigne, der sich selbst zum diskutablen Fall macht, und Adorno, der im Essay die Negativität der Form feiert, begegnen sich in der Überzeugung, dass Wahrheit nicht im Besitz, sondern im tastenden, selbstkritischen Versuch liegt. Der Essay ist das Medium des Glücks und des Risikos des Denkens, das sich dem Leser nicht als Lehre, sondern als Einladung zur eigenen Bewegung darbietet.

Essay als Gegenform: Widerstand gegen die Totalität

Der Essay entstand historisch als Gegenform – als Antwort auf eine Welt, in der das System als Garant von Wahrheit galt. Wo das Denken sich zu Totalitäten aufschwang, antwortete der Essay mit Fragmenten, Skizzen, tastenden Bewegungen. Er entzog sich der Teleologie des Wissens und suchte Wahrheit im Moment, im Detail, im Vorläufigen. Diese Form ist nicht Ausdruck von Schwäche, sondern ein Akt des Widerstands: gegen die metaphysische Versuchung des Letzten, gegen den sprachlichen Imperialismus der Theorie. Der Essay beharrt auf dem Zwischenraum – als Ort, an dem das Denken frei atmen kann.

Melancholie des Denkens: Sprache im Schatten des Scheiterns

Essayistisches Schreiben ist die Kunst, das Unabgeschlossene als einzige Wahrheit zu bewohnen. Der Gedanke, tastend, zögernd, von der Ahnung seines eigenen Verstummens begleitet, umkreist das Schweigen des Gegenstandes, als ahnte er, dass jede Annäherung an Erkenntnis nur das Dunkel dichter macht, das sie zu erhellen vorgibt. In der essayistischen Bewegung – einer melancholischen Kreisbahn um das Unverfügbare – wird der Versuch, das Sagbare zu fassen, zum Ritual der Entfremdung: Der Satz, ins Offene geworfen, trägt die Narben des Unausgesprochenen, das sich in jedem Wort als Mangel, als Abwesenheit, als leise Drohung von Sinnlosigkeit einnistet.

Die Nachtseite des Essays: Wahrheit als Unverfügbarkeit

Adornos Stil, der sich weigert, dem Trost der Systematik zu verfallen, ist das Echo eines Denkens, das an der Welt leidet und in der Sprache die Erfahrung des Scheiterns wiederholt. Der Essay, als Form der Negativität, ist nicht das Fragment einer Ganzheit, sondern die Ruine eines Anspruchs: Er verweigert das Ende, das Klare, das Versöhnte, und bleibt als offene Wunde, in der das Denken sich selbst ausgesetzt bleibt. Montaigne, der erste unter den Suchenden, und Blanchot, der letzte unter den Schweigenden, begegnen sich in der Nachtseite des Essays: Dort, wo das Licht der Reflexion nicht wärmt, sondern die Schatten verlängert, und der Autor, dem eigenen Text fremd, die Unmöglichkeit des Abschlusses als einzige Treue zur Wahrheit anerkennt.

Bei Blanchot wird das Schweigen nicht zur Grenze des Denkens, sondern zu seinem Ursprung. Der Essay, so gelesen, bewegt sich nicht auf ein Ziel zu, sondern ins Dunkel zurück, aus dem Sprache selbst geboren wird. In jedem Satz zittert die Möglichkeit mit, dass das Sagbare nicht genügt. Die essayistische Form hält dieses Zittern fest – nicht, um es zu beruhigen, sondern um ihm Raum zu geben. In der Nähe des Verstummens wird der Text porös: offen für das Andere, das sich nicht in Sinn verwandeln lässt. Hier beginnt jene radikale Offenheit, die Wahrheit nicht im Licht, sondern im Schatten sucht.

So ist der essayistische Stil nicht das Spiel der Möglichkeiten, sondern die melancholische Übung, im Abgrund der Sprache zu verweilen – wissend, dass jedes Wort das Schweigen vermehrt und jeder Gedanke die Dunkelheit dichter webt.

DER ESSAY
IM ZEITALTER
SEINER DIGITALEN
REPRODUZIERBARKEIT

Der Essay, von Anbeginn mehr Geste als Gesetz, mehr Bewegung als Methode, tritt in eine Epoche ein, in der der Gedanke seine Ursprünglichkeit verliert, indem er sich fortlaufend aktualisiert. Die digitale Sphäre, in der jeder Einfall augenblicklich Teil einer Datenökonomie wird, bedroht das Denken nicht durch Kontrolle, sondern durch Indifferenz. Der essayistische Gedanke, der sich durch das Auslassen artikuliert, wird neutralisiert durch das Immer-schon-Gesagte. Wo das Fragment einst das Ganze meinte, meint es heute nur noch: Klicks.

Der Essay war die Form, in der das Denken zögerte – nicht aus Schwäche, sondern aus Klugheit. Er erkannte das Unzulängliche jeder Behauptung, misstraute der Finalität des Urteils und suchte das Wahre im Umweg. Doch der digitale Diskurs duldet keinen Umweg. Jeder Gedanke, der sich nicht augenblicklich legitimiert, wird verdächtig – nicht als Funktion, sondern als Figur. Der Reflex ersetzt die Reflexion, der Impuls das Argument.

Das Medium, das einst dem Essay seine Beweglichkeit lieh – die Schrift –, hat seine Flüssigkeit eingebüßt in der Verfestigung des Algorithmus. Was sich nicht formatieren lässt, wird nicht vermittelt; was nicht performt, existiert nicht. Die essayistische Bewegung – ein Tanzen zwischen Begriff und Anekdote, zwischen System und Abschweifung – erstarrt im Takt maschineller Auswahl. Was nicht dem Raster entspricht, bleibt ungelesen; und was gelesen wird, war zuvor schon geliked.

Der Essay, dessen Kraft im Vorläufigen lag, im Unabgeschlossenen, wird heute abgelöst durch eine Ökonomie der Meinung, die jedes Zögern als Schwäche, jede Ambivalenz als Defizit deutet. Doch nur dort, wo nicht sofort entschieden wird, kann das Denken aufblühen. Der essayistische Stil war ein Denkstil – nicht Dekoration des Gedankens, sondern dessen Vollzug. Ein Stil, der sich weigerte, festzulegen, was noch zu bewegen ist.

In dieser Bewegung liegt seine Möglichkeit auch heute. Der Essay im digitalen Zeitalter wäre nicht Wiederholung, sondern Rettung – durch Verweigerung. Nicht gegen das Netz, aber gegen die Reproduktion seiner Denkfaulheit. Er müsste Form werden, indem er Formlosigkeit behauptet; Inhalt, indem er keine Botschaft trägt. Und gerade dadurch würde er wieder denkbar: als Sprache des Widerstands gegen das Selbstverständliche, als Geste der Freiheit im Zeitalter des Gefälligen.

Zwischen Evidenz und Erscheinung: Die Wahrheit des Essayistischen

Wahrheit – sofern sie überhaupt als Ziel des Essays gelten kann – ist in ihm nie Resultat, sondern Erscheinung: nicht im Sinne empirischer Sichtbarkeit, sondern als Spurenform des Denkens im Vollzug. Was der systematische Diskurs deduktiv zu fassen trachtet, lässt der Essay aufblitzen – gerade weil er sich nicht zwingt. Er exponiert nicht, er exponiert sich. Er offenbart, was sich dem Beweis entzieht: das Flackernde, das Ambivalente, das, was in keinem Schema aufgeht und doch nicht bloß Zufall bleibt.

Diese Wahrheit ist nicht identisch mit der Faktizität, der das digitale Denken huldigt. Das Netz, durchdrungen von Evidenzgesten, produziert Gewissheiten, die sich durch Häufung behaupten: Was oft gesagt wird, gilt als wahr; was geteilt wird, als bedeutend. Die Quantität ersetzt das Kriterium, Wiederholung den Diskurs. Der Essay aber widersetzt sich dem Konsens – nicht aus Opposition, sondern aus Skepsis gegenüber jeder Wahrheit, die sich nicht im Denken bewährt, sondern im Sagen behauptet.

Der essayistische Stil ist ein Stil des Suchens. Seine Wahrheit ist nicht die des gefundenen Schatzes, sondern die des tastenden Gangs. In dieser Geste liegt sein Widerstand gegen das Dogma der Transparenz, das im digitalen Raum zur neuen Unfreiheit gerinnt: Was sich nicht sofort mitteilt, gilt als elitär; was sich nicht formatieren lässt, als irrelevant. Der Essay bleibt im Schatten des Begriffs – nicht aus Scheu, sondern aus Klugheit: um das Licht nicht zu blenden.

Adorno schrieb, der Essay sei „der kritische Geist in seiner konkretesten Form". Doch was heißt Kritik in einer Zeit, in der jede Kritik sofort subsumiert wird unter Meinung – als bloßes Statement, als personalisierte Haltung? In der die Form des Gedankens, kaum geäußert, schon zur Ware wird? Die essayistische Wahrheit müsste sich erneut schützen – durch Unzeitgemäßheit, durch Undurchsichtigkeit, durch das Beharren auf Komplexität dort, wo Vereinfachung herrscht.

Vielleicht ist der Essay heute weniger ein literarisches Genre als ein Akt der Souveränität – der Weigerung, sich dem Mitteilbaren zu beugen. Seine Wahrheit ist nicht das, was gesagt wird, sondern das, was gesagt werden kann, ohne sich zu verraten. Was nicht unmittelbar zirkuliert, sondern sich entzieht; was nicht gefällt, sondern verstört. Der Essay ist das Denken, das sich selbst ernst nimmt – nicht als Besitz, sondern als Bewegung. Und in dieser Bewegung liegt seine Wahrheit.

Das Subjekt im Essay: Spur und Störung

Der Essay verlangt Subjektivität – nicht als Bekenntnis, sondern als Medium. Nicht: „Ich denke, also bin ich", sondern: *Es denkt in mir.* Dieses Denken aber, das sich keiner Statistik fügt und keinem Algorithmus nützt, ist zur Anomalie geworden. Denn das Subjekt, das schreibt, soll heute zugleich Zielgruppe sein – lesbar, berechenbar, formatiert.

Was im Essay erscheint, ist nicht das posierende Ich in seiner Darstellung, sondern das denkende Selbst in seiner Bewegung. Subjektivität ist hier keine Konfession, keine Marke, keine Figur der Sichtbarkeit, sondern eine Geste der Kritik – an der Welt und an sich selbst. Es schreibt, wer sich nicht sicher ist, ob seine Stimme genügt; es denkt, wer sich im Denken nicht ausruht.

Die essayistische Subjektivität steht quer zur digitalen Selbstbeschreibung, die sich in Posts, Likes und algorithmischer Sichtbarkeit vollzieht. Während dort das Selbst als Kontinuität inszeniert wird – stets präsentabel, stets anschlussfähig –, ist das essayistische Ich ein brüchiges, tastendes. Es weiß nicht, wohin es geht, aber es weiß: *Gehen ist schon Erkenntnis.*

Adorno forderte vom Essay keine Authentizität, sondern Reflexivität. Nicht das Erleben wird mitgeteilt, sondern das Denken am Erlebten. Die essayistische Subjektivität ist kein Exhibitionismus, sondern ein Abdruck: nicht das Gesicht, sondern der Schatten des Gesichts. Sie ist keine Identität, sondern Differenz, die sich in Sprache einkerbt – tastend, tastbar, nie abschließend.

In der digitalen Gegenwart jedoch wird das Subjekt nicht entmachtet, sondern ausgehöhlt – durch Funktionalisierung. Es soll liefern, was die Maschine nicht kann: Kreativität, Meinung, Affekt – und dabei möglichst maschinengerecht auftreten. Subjektivität wird zur Ressource, zur Stilistik der Verwertbarkeit. Der Essay aber verweigert sich der Maschine nicht, weil sie technisch ist, sondern weil sie nur ein Nein kennt: das zur Ambivalenz.

Vielleicht ist der Essay heute einer der letzten Orte, an dem das Subjekt nicht als Nutzerin, Konsument oder Kurator erscheint, sondern als Träger einer Erfahrung, die sich nicht mitteilbar machen lässt, ohne sich zu verlieren. Der Essay ist der Versuch, dies dennoch zu tun – und daran zu scheitern mit Stil. Nicht Wahrheit im Besitz, sondern Wahrheit als Spur: unvollständig, ungesichert, aber echt – im Ernst des Fragens.

Vom Fortbestehen einer gefährdeten Form

Es ist kein Zufall, dass der Essay verschwindet in einer Zeit, die alles duldet – außer Unsicherheit. Seine Formlosigkeit, seine stille Widerrede gegen die Form als Dogma, macht ihn verdächtig: zu langsam, zu vage, zu individuell. In einer Welt, in der jede Aussage quantifiziert, bewertet, monetarisiert wird, gilt das Zögernde als Mangel, das Differenzierende als Gefahr. Der Essay aber lebt vom Risiko des Gedankens ohne Geländer.

Gerade weil er nicht behauptet, ein Ganzes zu liefern, kann er dem Ganzen widerstehen. Seine Fragmente sind kein Zerfall, sondern Methode – die Weigerung, durch Konstruktion zu verbergen, was Denken eigentlich ist: ein tastendes, ein ringendes, ein scheiterndes Hervorbringen. Der Essay denkt nicht über die Welt nach, sondern in ihr, mit ihr, gegen sie.

Was ihm zum Vorwurf gereicht – Unsystematik, Subjektivität, Vagheit – ist sein Vermögen. Denn Systematik wird zur Ideologie, wo sie nicht mehr reflektiert, sondern ersetzt; Subjektivität zur Anmaßung, wo sie nicht sich selbst, sondern die Welt bezeugt; Vagheit zur Notwendigkeit, wo die Begriffe starr geworden sind. Der Essay hat keine Methode, weil seine Methode die Kritik der Methodik selbst ist.

Er ist kein Mittel der Erkenntnis, sondern ihre Erscheinungsweise. Nicht was er sagt, sondern wie er sagt, ist sein Beitrag zum Denken. In dieser Form liegt seine Ethik: Der Essay beugt sich weder dem Dogma noch der Popularität – er verweigert sich dem Fortschritt, wo Fortschritt zur Verflachung wird. Er will nichts beweisen, nur zeigen – und überzeugt gerade darin.

Wer heute essayistisch schreibt, muss das Wissen um seinen Anachronismus aushalten. Doch dieser Anachronismus ist kein Rückzug in die Vergangenheit, sondern ein Vorschuss auf eine andere Zukunft – eine, in der das Denken wieder denken darf, ohne sich zu verkaufen. Der Essay ist nicht tot; er ist nur verstummt im Lärm der Mitteilungen, der Meinungen, der Maximierung.

Ihn wieder zu hören, wäre kein nostalgischer Akt, sondern ein Aufbegehren gegen die Gleichzeitigkeit des Immergleichen. Denn der Essay ist nichts weniger als die Form eines Denkens, das sich selbst ernst nimmt – nicht als Wahrheit, sondern als Möglichkeit. Und diese Möglichkeit beginnt genau dort, wo man sie am wenigsten vermutet: im Zögern, im Zweifel, im Dazwischen.

DER ESSAY ALS WIDERSTAND

Über Adornos „Der Essay als Form"

In einer Epoche, in der das Denken zunehmend unter das Diktat ökonomischer Verwertbarkeit und methodischer Transparenz gerät, erscheint Theodor W. Adornos Verteidigung des Essays als ein subversiver Akt geistiger Selbstbehauptung. Der Essay – fragmentarisch, vorläufig, dem Totalitätsanspruch systematischer Theoriebildung ausdrücklich abhold – öffnet einen Denkraum, in dem nicht die Verwertung von Wissen, sondern seine kritische Erprobung im Zentrum steht.

Adorno richtet sich entschieden gegen das Paradigma eines Denkens, das allein in der methodischen Stringenz, der logischen Deduktion und der faktischen Verifizierbarkeit seinen Wahrheitsanspruch sucht. Die essayistische Form steht quer zu dieser Konzeption: Sie ist tastend, fragend, in Bewegung – eine Form, die sich nicht im Resultat, sondern im Prozess ihrer Entfaltung legitimiert. Der Essay behauptet nicht, er fragt; er beweist nicht, er deutet; er schließt nicht ab, sondern öffnet Bedeutungsräume. Damit kehrt er zurück zu einer Tradition des Philosophierens, die sich im sokratischen Zweifel ebenso bewährt hat wie in der romantischen Ironie – eine Tradition, die dem Denken seine Freiheit lässt, gerade weil es sich seiner Grenzen bewusst bleibt.

In dieser Perspektive erscheint der Essay als Denkform, die dem Reduktionismus einer verwalteten Vernunft eine poetische Rationalität entgegensetzt – eine Rationalität, die nicht nivelliert, sondern differenziert, die nicht ordnet, um zu beherrschen, sondern in der Vielheit der Erscheinungen jene Wahrheit sucht, die sich dem Zugriff des Systems entzieht. Adorno rehabilitiert so eine Schreibweise, die nicht um Objektivität ringt, indem sie das Subjekt verleugnet, sondern die das

Subjekt als Bedingung der Möglichkeit erkenntnistheoretischer Tiefe ernst nimmt. Der Essay als Widerstand ist daher kein rhetorischer Gestus, sondern die Verweigerung, Denken zu instrumentalisieren. Und darin liegt sein revolutionäres Potential.

Der Essay als Denkform jenseits des Positivismus

Adorno exponiert den Essay als Antithese zur positivistischen Vernunft, die Erkenntnis einzig in der Reproduktion des Gegebenen, in der quantifizierbaren Evidenz und der verifizierbaren Aussage sucht. Der Essay hingegen entzündet sich nicht an der Methode, sondern am Gegenstand selbst, er wächst aus der Konfrontation mit einem Wirklichkeitsüberschuss, der sich jeder restlosen Subsumtion widersetzt. Er denkt nicht entlang linearer Kausalitäten, sondern in Konstellationen, die das Verhältnis zwischen Begriff und Phänomen nicht zum Zweck der Reduktion, sondern der Intensivierung des Fragens inszenieren.

Diese Form des Denkens operiert im Modus des Möglichen – nicht weil sie dem Notwendigen ausweicht, sondern weil sie dessen ideologischen Anspruch durchbricht. Der Essay berührt Wahrheit nicht durch Beweis, sondern durch Verdichtung, nicht durch Beherrschung, sondern durch Resonanz. In der Bewegung des Essays, in seinem Oszillieren zwischen Annäherung und Rückzug, zwischen Analytik und Assoziation, zeigt sich eine erkenntnistheoretische Haltung, die sich dem finalen Urteil verweigert und gerade darin ihre intellektuelle Redlichkeit behauptet.

Dass der Essay sich nicht auf Ergebnisse fixiert, sondern das Denken selbst zur Darstellung bringt, macht ihn nicht schwach, sondern radikal. Er dekonstruiert die Geste der Souveränität, die behauptet, Wahrheit sei ein Besitz, den man durch methodische Richtigkeit beanspruchen könne. Stattdessen tritt er für eine Wahrheitsauffassung ein, die sich im Durchgang durch das Ungewisse, im produktiven Umgang mit Ambivalenz und in der Verweigerung der falschen Klarheit konstituiert. So wird der Essay zur intellektuellen Form, in der sich Erkenntnis als Widerstand gegen das epistemische Dogma des Messbaren ereignet.

Subjektivität als Erkenntnisform

Adornos Essaykonzept rehabilitiert die Subjektivität, jedoch nicht als beliebige Meinungsäußerung oder affektive Stimmungslage, sondern als konstitutives Moment kritischer Erkenntnis. Das Subjekt tritt nicht als Herr über das Objekt auf, sondern als ein sich in das Objekt hineinversenkendes Bewusstsein, das seine eigene Bedingtheit reflektiert. In dieser Bewegung wird das Ich nicht Zentrum, sondern Medium – durchlässig für die Wahrheit, die sich im Widerstand des Gegenstandes gegen seine vollständige Begriffsbildung offenbart.

Subjektivität ist hier nicht Ausdruck eines individualistischen Standpunkts, sondern Resultat einer dialektischen Anstrengung, die sich dem Objekt weder naiv hingibt noch es gewaltsam subsumiert. Die essayistische Form verlangt vom Denkenden, sich dem Gegenstand nicht äußerlich zu nähern, sondern sich in die eigene Perspektive als Bedingung jeder Erkenntnis kritisch zu verstricken. Nur in dieser Spannung zwischen Nähe und Distanz, zwischen Eingebundensein und Reflexion, entsteht jene Wahrhaftigkeit, die der Essay als sein inneres Gesetz anerkennt.

Wahrheit im Essay ist mithin nicht Resultat formaler Richtigkeit, sondern Ausdruck einer durch subjektive Erfahrung hindurchgegangenen Erkenntnis. Sie ist nicht objektive Gültigkeit im Sinne einer von allen Subjekten abstrahierenden Aussage, sondern Vollzug eines Denkens, das sich seiner eigenen Situiertheit bewusst bleibt. Indem der Essay seine Subjektivität nicht kaschiert, sondern offenlegt, bricht er mit der Illusion neutraler Erkenntnis und legt den Grund für eine Wahrheit, die in ihrer Gebrochenheit wahrer ist als jede glatte Behauptung.

Sprache als Denkbewegung

Für Adorno ist Sprache nicht nur ein Mittel zur Vermittlung bereits gedachter Inhalte, sondern selbst der Ort, an dem Denken sich vollzieht. Sie wird zur materiellem Basis der Erkenntnis, indem sie das Denken nicht lediglich formt, sondern ihm Raum gibt, sich zu entfalten. Im Essay wird Sprache nicht als distanzierte Technik des Ausdrucks verstanden, sondern als unmittelbare Reflexion des Denkprozesses. Der Essay ist daher keine aufbereite Kommunikation, sondern ein aktiver Gedankenvorgang, der den Leser zur Mitwirkung zwingt.

Adornos Auffassung von Sprache bricht mit der Vorstellung, dass der Gedanke in klaren, eindeutigen Formulierungen festgehalten werden kann. Stattdessen begreift er sie als ein komplexes Netz von Begriffen, das in einer dynamischen, oft widersprüchlichen Weise miteinander in Beziehung tritt. Die sprachliche Konstellation im Essay ist daher nicht einer linearen Logik verpflichtet, sondern einer differenzierten Logik der Assoziation und Verschiebung. Begriffe stehen nicht starr nebeneinander, sondern verschränken sich in einem Bewegungsraum, der neue Perspektiven auf das Thema eröffnet.

Diese Sprache fordert vom Leser mehr als nur das passive Konsumieren von Wissen – sie verlangt aktives Mitdenken. In ihrer Dichte und Brüchigkeit zwingt sie den Leser, selbst Teil des Denkprozesses zu werden. Erkenntnis wird nicht durch das schnelle Überfliegen von Informationen gewonnen, sondern durch das langsame, geduldige Durchdringen der sprachlichen Struktur. Der Essay verweigert sich der Illusion von einfacher Verständlichkeit, weil er in der Komplexität der Sprache eine tiefere Form der Wahrheit sieht, die sich nicht einfach abstrahieren lässt.

Sprache im Essay ist also nicht nur ein Vehikel, sondern der Ort des Widerstands gegen die Reduktion des Denkens auf eine aufgeräumte, funktional klare Form. Sie verweigert sich der bloßen Funktionalität und wird zum Medium, in dem sich Denken in seiner offenen, ständig sich verändernden Bewegung vollzieht. In der essayistischen Sprache wird der Gedanke selbst zum Prozess – einem Prozess, der dem Leser nicht nur Einsichten zu vermitteln versucht, sondern ihn zum aktiven Mitdenken und -fühlen einlädt.

Kritik als Aufgabe

Der Essay bei Adorno ist mehr als eine Form des literarischen Ausdrucks – er ist eine kritische Haltung. Doch nicht im simplen Sinn einer Widerstandserklärung oder ideologischen Konfrontation, sondern als eine radikale Intellektualität, die sich der scheinbaren Neutralität und dem unreflektierten Konsens verweigert. Der Essay entzieht sich der Versuchung, das Gegebene affirmativ zu bestätigen oder in ein System einzufügen. Er ist Kritik im eigentlichen Sinne: nicht als bloße Negation, sondern als das produktive Infragestellen von

Selbstverständlichkeiten, als das Aufdecken der Widersprüche, die dem scheinbar Geordneten zugrunde liegen.

Indem der Essay sich weigerte, in die „Sprache der Verwaltung" einzutreten, bewahrt er einen Moment utopischer Negation. Er verweigert sich der rhetorischen Strategie der Harmonisierung, die in einer Welt des administrativen Denkens die Vielfalt und Widersprüchlichkeit des Denkens verwaltet. Stattdessen bleibt der Essay im Bereich des Offenen, des Unabgeschlossenen, des ständigen Infragestellens. Es ist gerade diese Weigerung, das Gegebene zu akzeptieren, die ihn als kritische Form auszeichnet.

Die Kritik im Essay ist nicht einfach ein oppositionelles "Nein", sondern ein kritisches Nachfragen, das tief in den Strukturen der Gesellschaft und des Wissens verwurzelt ist. Sie bricht mit der Illusion der Einfachheit und stellt die komplexen, oft widersprüchlichen Prozesse der Wahrheitsproduktion in Frage. Der Essay entlarvt die vermeintlich objektiven Wahrheiten als das Produkt historischer und gesellschaftlicher Bedingungen und zeigt die ideologischen Hintergründe auf, die dem angeblich neutralen Diskurs zugrunde liegen.

In dieser kritischen Praxis verweigert sich der Essay einer „falschen Klarheit", die die Komplexität und die ambivalenten Dimensionen der Wirklichkeit unterdrückt. Er ist nicht nur ein aktiver Widerstand gegen die etablierten Wahrheiten, sondern auch ein Versuch, das Denken in seiner Ungewissheit zu erhellen. Der Essay ist damit eine Form der geistigen Selbsttätigkeit, die sowohl die eigenen Annahmen als auch die bestehenden Wissenssysteme hinterfragt. Durch diese kritische Auseinandersetzung wird er zu einem subversiven Akt, der die Denkgewohnheiten der Gesellschaft in Frage stellt und sich den ideologischen Gewissheiten entgegenstellt.

Die Unabschließbarkeit der Wahrheit

Adornos Essay ist mehr als eine Theorie der literarischen Form – er stellt selbst eine dynamische Denkbewegung dar, die sich dem Zugriff eines totalisierenden Systems verweigert. In seinem Herzen trägt der Essay die Erkenntnis, dass wahre Erkenntnis nicht in der fixierten Form eines abgeschlossenen Systems liegt, sondern in der Bewegung, der fortwährenden Infragestellung und der Offenheit. Wahrheit, so Adorno, ist nicht ein finaler Besitz, sondern ein fortlaufender Prozess, der sich nie in einer vollendeten Form einfangen lässt. Der Essay als Form des Denkens erfordert den Mut, das Gegebene zu hinterfragen, ohne zu behaupten oder zu fixieren.

Der Essay ist keine Form der Beliebigkeit oder des reinen Spiels, sondern ein präziser Akt der intellektuellen Verweigerung – er bietet keine einfachen Antworten, sondern verweilt im Schwebezustand. Hier wird das Widersprüchliche nicht glattgebügelt, sondern als eine produktive Spannungsquelle anerkannt. In seiner methodischen Offenheit und seiner Weigerung, sich der endgültigen Klarheit zu unterwerfen, bleibt der Essay ein Ort der Erkenntnis, der im Prozess der Reflexion und des ständigen Fragens seine Wahrheit findet.

In einer Welt, die zunehmend nach schnellen Urteilen, eindeutigen Positionen und methodischer Klarheit verlangt, stellt Adorno den Essay als eine notwendige Antwort auf diese Verkürzung des Denkens. Der Essay fordert, dass Denken nicht als bloße Anwendung von Methoden verstanden wird, sondern als fortwährende Auseinandersetzung mit der Welt, die ihre eigene Bedingtheit und Unbestimmtheit mitreflektiert. Nur durch dieses fortwährende Infragestellen bleibt Denken frei – nicht nur von den Zwängen einer rationalistischen Methodologie, sondern auch von der Vereinheitlichung der gesellschaftlichen Verhältnisse.

In seiner letzten Konsequenz ist der Essay eine intellektuelle Praxis der Freiheit, die sich nicht den erzwungenen Klarheiten und schablonierten Wahrheiten der Gegenwart beugt, sondern die im Raum der Unsicherheit, des Zweifels und der Unabschließbarkeit die Möglichkeit von Erkenntnis und Freiheit bewahrt.

LUKÁCS' VERHÄLTNIS ZUR ESSAYISTISCHEN FORM

1. Die Dialektik des Unvollständigen

György Lukács ist untrennbar mit der marxistischen Sozialtheorie und Literaturkritik verbunden, doch in seinem Werk stößt man immer wieder auf Momente des essayistischen Denkens, die jenseits der strengen Systematik und der geschlossenen Theorie liegen. Während die intellektuelle Landschaft seiner Zeit von der Forderung nach unerschütterlicher Kohärenz und klar abgrenzbaren Konzepten geprägt war, stellt Lukács in seinen Essays die Frage, ob Wahrheit wirklich in der Vollständigkeit und Geschlossenheit eines Systems zu finden ist. Stattdessen nähert er sich dem Unvollständigen und Widersprüchlichen, als wären sie nicht Defizite, sondern Formen des Denkens, die der systematischen Reduktion entglitten sind. Was in den Systemen der anderen Denker als Störung erscheint, ist bei Lukács eine Methode, die das Denken der endgültigen Form verweigert und es als einen fortwährenden, nicht abschließbaren Prozess begreift.

Der Essay – als Form des zögernden, nicht festgelegten Sprechens – hat in Lukács' Denken einen Raum gefunden, in dem sich die Dialektik der Unvollständigkeit entfaltet. Dieser Essayismus ist keine Flucht vor der systematischen Theorie, sondern ein bewusstes Suchen nach der Wahrheit im Unfertigen, das, was der systematische Diskurs zu verbergen sucht, indem er sich der endgültigen Form verschreibt. Was Lukács' Essays von einem streng systematischen Werk unterscheidet, ist ihr Widerstand gegen jede Versöhnung der Widersprüche, die die Wahrheit gerade im Moment ihrer Bewegung offenbaren. Der Essay wird so zum Mittel der Dialektik, nicht als systematische Ausarbeitung, sondern als kritische Praxis, die die Bedingungen und Ideologien seiner Zeit hinterfragt.

In diesem Essay soll daher nicht nur untersucht werden, ob Lukács' Werke Elemente des essayistischen Schreibens enthalten, sondern vielmehr, wie sie in ihrer Struktur und Methodik eine spezifische Form der essayistischen Kritik artikulieren. Diese Kritik verweigert sich der systematischen Logik und den fertigen Antworten und bleibt in der Fragestellung verhaftet – als eine Art Denkbewegung, die sich über die Souveränität des Abgeschlossenen hinwegsetzt. Lukács' Essays sind mehr als Reflexionen; sie sind Versuche, das Denken zu bewahren und dabei nicht zu einem dogmatischen Schluss zu kommen, sondern die Möglichkeit des Denkens in seiner immer wiederkehrenden Unabgeschlossenheit zu erfassen.

2. Das kritische Denken im Essay: Lukács' methodische Offenheit

Obwohl Lukács' Werke häufig als systematisch und theoretisch angesehen werden, lässt sich in ihnen ein Denken erkennen, das nicht dem Zwang zur Finalität unterliegt, sondern sich in der Offenheit des Denkprozesses entfaltet. Der Essay, in seiner reinsten Form, lebt von dieser Offenheit, von der kritischen Auseinandersetzung, die sich der Fertigstellung verweigert. In der Weigerung, sich auf endgültige Antworten festzulegen, erkennt sich der wahre Essayismus: ein Denken, das sich als fortlaufender Prozess versteht, das den Abbruch der Gewissheit im Moment der Reflexion selbst begreift.

Lukács' Werk ist, in seiner dialektischen Beweglichkeit, nicht das Resultat eines zielgerichteten Denkens, das auf Vollständigkeit und Souveränität abzielt. Vielmehr ist es eine Bewegung, die sich ständig im Zögern, im Ausloten von Widersprüchen und Differenzen findet. Die Methode Lukács' ist nicht die der präzisen Dekonstruktion, sondern die der offenen Kritik. In seinen Texten erkennt man nicht nur die methodische Offenheit eines Denkers, der die Welt nicht durch die Linse des Absoluten betrachtet, sondern als ein komplexes, immer wieder im Wandel begriffenes Geflecht von Widersprüchen. Diese Haltung des Zögerns und Ringens, das sich nicht dem Dogma der klaren Lösung unterwirft, lässt Lukács' Texte einem essayistischen Denken nahekommen, das mit einer philosophischen Auseinandersetzung um die Wahrheit durchzogen ist.

Die essayistische Struktur in Lukács' Arbeiten zeigt sich insbesondere in seiner Weigerung, das Denken in ein endgültiges System zu zwängen. Stattdessen bleibt das Denken im Prozess, in einer unvollständigen Bewegung, die gerade das Unfertige, das Unsagbare und das Ungeklärte zum Inhalt erhebt. In dieser methodischen Offenheit liegt eine fundamentale Kritik an der Vorstellung von Wissen als etwas endgültig Abgeschlossenem. Das Denken Lukács' ist vielmehr ein Ringen um den Moment der Erkenntnis, der sich im Aufeinandertreffen von Ideen und deren Widersprüchen zu manifestieren versucht. Diese Widersprüchlichkeit ist keine Schwäche, sondern die Dialektik einer kritischen Haltung, die stets im Modus des In-Frage-Stellens bleibt.

Der Essay als Form wird von Lukács nicht nur als literarische Technik, sondern als genuin kritische Haltung praktiziert. Die Weigerung, auf endgültige Wahrheiten zu setzen, wird zu einem methodischen Prinzip. Und genau in diesem Widerstand gegen die Zwangsläufigkeit des Systematischen und des Abgeschlossenen zeigt sich Lukács' Nähe zur Form des Essays. Ein Essay, der in der Bewegung des Denkens, in seiner Kritik und in seiner Unentschlossenheit den wahren Zugang zur Welt sucht, ist zugleich ein Widerstand gegen den Druck der fixierten, strukturierten Erkenntnis. Lukács' Texte – trotz ihrer theoretischen Tiefe – sind durchzogen von dieser Offenheit, die sich nie einem abschließenden Urteil unterwirft. Die Essayistik wird hier zur Methode des Denkens, die sich in der Auseinandersetzung mit der Welt nicht auf eine eindeutige Lösung festlegt, sondern das Ringen um diese Lösung als Teil des kritischen Prozesses begreift.

3. Subjektivität und Objektivität in Lukács' Essays

Lukács' Denken vollzieht sich stets in einer doppelten Bewegung: der klaren Ablehnung jeglicher Tendenzen zum Subjektivismus auf der einen Seite und der unausweichlichen Anerkennung, dass jede objektive Analyse nie vom Subjekt befreit werden kann, auf der anderen Seite. Die Spannung, die zwischen dieser Ablehnung und Anerkennung besteht, zieht sich wie ein rotes Band durch sein Werk und ist von immanenter Bedeutung für das Verständnis seiner Denkweise. Im Mittelpunkt seiner Philosophie steht die Idee, dass jede objektive Wahrheit immer in der Perspektive des Subjekts ihren Ort hat. Doch während Lukács sich vehement gegen den bloßen Subjektivismus wendet, der die gesellschaftlichen Bedingungen und Strukturen ausblendet, begibt sich sein Denken gerade in dieser Spannung auf den Weg zu einer neuen, erweiterten Form der Objektivität. Die objektive Wahrheit, die er zu fassen sucht, ist nicht die des bloßen Abbildes einer außenstehenden Welt, sondern diejenige, die sich im Medium des Subjekts artikuliert, ohne sich zu diesem zu reduzieren.

Das essayistische Denken Lukács' ist von dieser Dialektik durchzogen. Der Essay, als Form des Zögerns und Hinterfragens, findet seine Entfaltung nicht in der Entweder-oder-Schematik der traditionellen Philosophie, sondern in einem fortwährenden Balanceakt, der die Spannung zwischen Subjektivität und Objektivität aushält. In dieser Spannung besteht die Produktivität des Essays, dass er sich weder auf das Subjektive noch auf das Objektive als Selbstzweck einlässt, sondern beide Dimensionen zu einem Denkprozess zusammenführt, der die Widersprüche nicht als zu überwindende Mängel begreift, sondern als Mittel des Fortschritts. In der Anerkennung der Bedeutung des Subjekts, das die Welt wahrnimmt und interpretiert, liegt die spezifische Form des Essays, der immer auch ein persönlicher Akt des Denkens bleibt, aber niemals die Objektivität der gesellschaftlichen Verhältnisse aus dem Blick verliert.

Der Essay, wie Lukács ihn möglicherweise verstanden haben könnte, bewegt sich nicht zwischen den Polen von Subjektivität und Objektivität, sondern verlangt nach einem Überschreiten dieser Trennung. Es ist ein kreativer Umgang mit der Spannung zwischen diesen zwei Dimensionen, der das Subjekt in seiner Wahrnehmung nicht negiert, sondern als Bestandteil des Denkens und der Analyse anerkennt. Es geht nicht darum, eine Position zu behaupten, sondern darum, diese Position ständig zu hinterfragen und die jeweiligen Perspektiven im Fluss zu halten. Der Essay wird zu einer Plattform, auf der die Subjektivität des Denkens nicht als Hindernis für die objektive Erkenntnis erscheint, sondern als untrennbarer Bestandteil dieser Erkenntnis, die immer mit der subjektiven Erfahrung verknüpft bleibt.

Lukács' Essays zeichnen sich durch diese dialektische Haltung aus: Sie verbinden den analytischen, objektivierenden Blick auf die Welt mit der Anerkennung der subjektiven Dimension des Denkens, die nie vollständig von der Welt abstrahiert werden kann. Die Wahrheit, die Lukács in seinen Texten sucht, ist daher keine, die in einer rein objektiven Betrachtung von außen gewonnen werden kann, sondern eine, die sich in der Begegnung von Subjektivität und Objektivität vollzieht. Indem der Essay nicht nur die Welt abbildet, sondern die eigene Wahrnehmung und

Perspektive in die Analyse einbezieht, wird er zu einem kritischen Instrument, das die Möglichkeit bietet, die Welt sowohl zu begreifen als auch in ihren Widersprüchen zu hinterfragen.

4. Lukács als Kritiker der bürgerlichen Gesellschaft: Der Essay als politische Praxis

Lukács' Kritik an der bürgerlichen Gesellschaft und der Ideologie des Kapitalismus ist weit mehr als eine bloße Theorie; sie ist ein Gedankengang, der sich in seiner Form als Essay immer wieder der unvollständigen und fragmentarischen Kritik verpflichtet. Im Unterschied zu den systematischen Philosophien, die die Subjektivität als störendes Moment ausgrenzen, nutzt Lukács die essayistische Form, um seine Ideen nicht als fertige Wahrheiten, sondern als offenes, ständig sich bewegendes Denken zu präsentieren. Der Essay als Form, in Lukács' Werk, wird zu einer Form der politischen Praxis, die den ideologischen Mechanismen der bürgerlichen Gesellschaft zuwiderläuft, indem sie sich einer allzu schnellen, dogmatischen Schließung verweigert. Die Politisierung des Essays im Denken Lukács' wird erst im Dialog mit der gesellschaftlichen Realität sichtbar: Der Essay ist ein ständiges Hinterfragen, ein Suchen nach den Widersprüchen, die die bestehenden Verhältnisse durchziehen, ohne sich diesen Widersprüchen zu beugen.

Der Essay wird in Lukács' Werk zu einem kritischen Instrument, das sich nicht mit den oberflächlichen Antworten des herrschenden Systems zufriedengibt, sondern immer wieder auf die gesellschaftlichen Mechanismen verweist, die diese Antworten erzeugen. Im Gegensatz zu systematischen, geschlossenen Theorien, die versuchen, die Welt zu ordnen und in einem Kohärenten System darzustellen, durchdringt der Essay die Verhältnisse mit der Fragestellung ihrer eigenen Legitimität. Lukács' Kritik an der bürgerlichen Gesellschaft ist dabei nicht einfach ein Appell gegen das bestehende System; sie ist eine in der Form des Essays artikulierte Praxis des Denkens, die die Verhältnisse in ihrer Tiefe und Vielschichtigkeit begreift. Die Gesellschaft ist für ihn keine fertige Struktur, die in einem definitiven System abgebildet werden kann, sondern ein dynamischer Prozess, in dem die bestehenden Widersprüche nicht in einem festen Ganzen aufgeht, sondern immer wieder aufgebrochen und hinterfragt werden müssen.

Der Essay als politische Praxis im Denken Lukács' ist keine bloße Theorie der Gesellschaft. Vielmehr wird der Essay selbst zu einem Akt der Subversion, der sich in die bestehende Ordnung einmischt, ohne sich in ihre Logik einfügen zu lassen. Indem Lukács seine Kritik in der Form des Essays artikuliert, macht er sich nicht nur die Instrumente der ideologischen Analyse zu eigen, sondern verweigert sich gleichzeitig einer allzu systematischen und abgeschlossenen Betrachtung. Die gesellschaftlichen Bedingungen und die Ideologien, die diese Bedingungen stützen, sind für Lukács nie als endgültig zu begreifen, sondern immer als historisch und vergänglich. Der Essay als Form wird hier zu einer dynamischen Praxis der Aufklärung, die sich durch ihre eigene Unvollständigkeit und Offenheit auszeichnet. Was der systematische Diskurs der Ideologiekritik als feststehende Wahrheit begreifen möchte, bleibt im Essay immer ein sich bewegendes, hinterfragtes und durch den aktiven Denkprozess erneuertes Element.

Lukács' Schreiben zeigt uns, dass der Essay in seiner politisch-kritischen Dimension weit mehr ist als eine intellektuelle Spielerei oder eine theoretische Abhandlung. Der Essay wird hier zu einer politischen Praxis, die sich nicht der Logik der Macht und der Herrschaft beugt, sondern sie durchbricht, indem er die bestehenden Denkmuster nicht nur infrage stellt, sondern auch der Unvollständigkeit des Denkens Raum gibt. Die Form des Essays, so wie Lukács sie verwendet, ist eine radikale Weigerung, sich mit vorgefertigten Antworten und Denkstrukturen zufrieden zu geben. Sie ist eine Aufforderung, die Realität nicht als gegeben zu akzeptieren, sondern in ihrer widersprüchlichen und offenen Form immer wieder neu zu begreifen. Die ideologische Kritik, die Lukács' Werk durchzieht, ist nicht nur eine analytische, sondern auch eine praktische Kritik, die durch die essayistische Form ihre unabschlossene, immer wieder hinterfragte Dimension offenbart.

In dieser Weise wird der Essay bei Lukács zu einer beständigen Praxis der Auseinandersetzung – nicht nur mit der gesellschaftlichen Realität, sondern auch mit der eigenen Position innerhalb dieser Realität. Die essayistische Form bei Lukács ist nicht nur ein methodisches Werkzeug der Theorie, sondern wird zum Medium einer radikalen, fortlaufenden Praxis des Denkens, das die bürgerliche Gesellschaft nicht nur beschreibt, sondern durch die kritische Reflexion immer wieder aufbricht. So wird der Essay zu einer unerlässlichen Waffe in Lukács' kritischer Auseinandersetzung mit der Welt, die er niemals als endgültig begreift, sondern als ein offenes Feld der politischen Praxis.

5. Die ästhetische Dimension des Essays bei Lukács

Lukács' Literaturtheorie vollzieht sich nicht als bloße Anwendung philosophischer Kategorien auf ästhetische Phänomene, sondern als Versuch, im Kunstwerk selbst das Denken gesellschaftlicher Totalität erfahrbar zu machen – nicht durch System, sondern durch Gestalt. Das literarische Werk erscheint hier nicht als Illustration einer vorgefassten Theorie, sondern als Ort, an dem Wahrheit – im emphatischen Sinn – aufscheint: nicht beweisbar, wohl aber erfahrbar. Eine Wahrheit, die nicht mit dem Faktischen identisch ist, sondern aus einem Denken hervorgeht, das sich nicht außerhalb, sondern im Medium der ästhetischen Form bewegt.

In dieser Konzeption nähert sich Lukács dem Essay als einer Denkbewegung, die sich dem Objekt nicht durch begriffliche Gewalt, sondern in tastender Annäherung erschließt. Es ist kein Zufall, dass seine Lektüren großer Romane – von Balzac, Tolstoi, Thomas Mann – stets essayistische Züge tragen: nicht im Sinne beliebiger Subjektivität, sondern als Vollzug eines Denkens, das der literarischen Form ihre geschichtliche Wahrheit nicht entreißt, sondern sie ihr ablauscht. Die essayistische Haltung zeigt sich bei Lukács als Bereitschaft, die ästhetische Form selbst als eine Weise des Weltverstehens ernst zu nehmen – eine, die durch schematische Reduktion ebenso verraten würde wie durch vorschnelles Urteil.

So wird der Essay bei Lukács zum Vermittlungsorgan zwischen Kunst und Gesellschaft – nicht im Sinne einer naiv-didaktischen Übersetzung, sondern als Ort des Widerstands gegen Vereinfachung. Die Literatur, die ihn interessiert, ist stets mehr als ein Gegenstand: ein Reflexionsraum, in dem das Subjekt – in seiner Vereinzelung wie in seinem geschichtlichen Zusammenhang – zur Sprache kommt, ohne psychologisiert zu werden; und in dem Gesellschaft nicht abgebildet, sondern durchdrungen wird, ohne zur bloßen Kulisse zu verflachen. Essayistisch wird dieses Denken dort, wo es die ästhetische Konkretion nicht verbraucht, sondern sich ihrer Logik aussetzt – in der Hoffnung, dass sich in der Form, nicht außerhalb von ihr, geschichtliches Bewusstsein artikuliert.

In einer Zeit, in der Kritik zunehmend zur Disziplin des Rankings, der Bewertung, der algorithmischen Reihung verkommt, erscheint Lukács' Umgang mit Literatur als Möglichkeit eines anderen Lesens: langsam, formbewusst, ideologiekritisch – ein Lesen, das selbst bereits ein essayistischer Akt ist. Dass Lukács seine literaturtheoretischen Schriften oft im Modus des Fragments, der Umkreisung, der zirkulären Bewegung verfasst, ist kein Zufall, sondern Ausdruck jener Einsicht, dass das Wahre nicht behauptet, sondern gezeigt werden muss – und dies nicht ohne Umwege.

Der Essay erscheint bei Lukács nicht nur als Kommentar zur Kunst, sondern selbst als eine Form ästhetischer Praxis: ein Gestus des Denkens, der sich der Welt nicht entzieht, aber auch nicht in ihr aufgeht; der urteilt, ohne zu richten; der kritisiert, ohne zu zerstören. In diesem Zwischenstand – zwischen Philosophie und Literatur, Analyse und Darstellung – gewinnt der Essay bei Lukács seine spezifische Qualität: nicht als pragmatischer Behelf, sondern als Ausdruck kritischen Bewusstseins selbst.

6. Der Essay als dialektische Bewegung: Lukács und das Denken in Spannungen

Der Essay ist keine Form, die den Widerspruch meidet; er lebt von ihm. In Lukács' Schriften – besonders in den Frühwerken wie Die Seele und die Formen – ist diese Spannung nicht bloß thematisch, sondern strukturell verankert. Hier begegnet uns ein Denken, das nicht auf Einheit zielt, sondern auf die produktive Unruhe der Unversöhntheit: zwischen Form und Leben, Kunst und Geschichte, Subjekt und Objekt. Dass Lukács sich gerade in essayistischer Manier diesen Gegensätzen nähert, ist nicht bloß Stil, sondern Methode – oder besser: Antimethode.

Wo die systematische Philosophie den Widerspruch zu tilgen sucht, exponiert ihn der Essay, um ihn zum Sprechen zu bringen. Auch in seiner marxistischen Phase bleibt Lukács, trotz aller Neigung zur Totalisierung, ein Denker der Differenz, der Vermittlung, der Durcharbeitung. Essayistisch wird das nicht im Verzicht auf Begriffe, sondern in ihrer beweglichen Konstellation: Kunstwerke erscheinen bei ihm nicht als Exempel einer Theorie, sondern als Kristallisationspunkte gesellschaftlicher Antagonismen.

In dieser dialektischen Bewegung erweist sich der Essay nicht als Flucht vor der Theorie, sondern als ihre radikalere Form: eine, die dem Denken seine Bewegung lässt, ohne es in Beliebigkeit zu verflüchtigen.

Lukács ringt mit dieser Form nicht, weil sie ihm fremd wäre, sondern weil sie seinem Ernst eine Gestalt bietet, die weder das Offene des Fragments noch das Strenge des Gedankens preisgibt.

Essayistisch ist bei Lukács daher weniger das Ergebnis als der Weg dorthin. Ein Denken, das sich seiner historischen Bedingtheit bewusst bleibt, ohne sich darin zu verlieren; das Partei ergreift, ohne zur Parole zu verkommen; das vermittelt, ohne zu nivellieren. Der Essay wird so zum Ort, an dem Dialektik nicht zur Systemform erstarrt, sondern lebendig bleibt – tastend, widersprüchlich, kritisch.7. Essay als Möglichkeit

7. Lukács wiederlesen

Was sich in Lukács' Werk essayistisch regt, ist nicht bloß ein Nebenstrom, sondern ein Prinzip des Denkens, das seine eigene Vorläufigkeit nicht verleugnet. Seine Schriften, durchdrungen vom Ringen um Form und Wahrheit, tragen jene Spuren, die der Essay hinterlässt: keine geschlossene Bahn, sondern ein Gelände, durch das der Gedanke tastend, oft widerstrebend, sich bewegt. Der Essay erscheint hier nicht als Kommentar zur Theorie, sondern als deren kritischer Widerpart – nicht oppositionell, sondern ergänzend im Zweifel: ein Denken, das sich nicht sichert, ohne sich zu verlieren.

In einer Zeit, da Theorie zur abrufbaren Struktur, zum algorithmischen Muster, zur Funktion der Sichtbarkeit gerinnt, wird Lukács' essayistische Haltung zur Erinnerung daran, dass Denken mehr sein muss als Anwendung. Es muss sich selbst befragen, unterbrechen, aushalten. Lukács' Werk ist ein Zeugnis dieses Ausharrens: nicht weil es schließt, sondern weil es offen bleibt. Der Essay, der sich in seinen Zwischenräumen formt, ist kein Ornament, sondern die Stelle, an der das Denken atmet.

Was bleibt, ist keine Lehre, sondern eine Möglichkeit: Lukács nicht trotz, sondern wegen seiner essayistischen Passagen neu zu lesen. In jenem Spannungsverhältnis, das weder Auflösung noch Entscheidung verlangt, sondern die Beharrlichkeit im Unabgeschlossenen – als Figur der Wahrheit, die sich nicht behauptet, sondern zeigt.

GRENZGÄNGE DES DENKENS

Heidegger, Adorno und die Kunst des Essays

Wer von Heidegger spricht, steht unter dem Verdacht, dem Dunkel seiner Sprache als Ausdruck bloßer Rhetorik zu verfallen – ein Verdacht, der umso hartnäckiger sich hält, je weniger das Sprachliche als Medium des Denkens, als Ort seines Geschehens, begriffen wird. Doch was bei Heidegger wie Verschwommenheit erscheint, ist in Wahrheit das Echo eines Denkens, das sich seiner eigenen Unverfügbarkeit bewusst bleibt. Im tastenden Schreiben, das sich der Sicherheiten verweigert, begegnet das Denken nicht einer Schranke, sondern einer Schwelle: der Schwelle des Seins, das sich nur im Entzug zeigt.

Der Essay – im Sinne Adornos nicht als Form bloßer Subjektivität, sondern als Widerstand gegen die Gewalt der Systeme gedacht – wird hier zur Gestalt eines Denkens, das in der Bewegung seine Wahrheit sucht. Es ist kein Skizzenbuch des Unfertigen, sondern die Form des Ernstes, der das Fragmentarische nicht als Mangel, sondern als einzig angemessene Gestalt des Wirklichen begreift. Heideggers Schreiben, in sich kreisend, sich wiederholend, seine eigenen Begriffe unterlaufend, nähert sich in dieser Konstellation der essayistischen Haltung an: nicht im Inhalt, wohl aber in der Geste.

Heidegger entzieht dem Begriff das Recht, über das Sein zu verfügen. Nicht als Verweigerung des Denkens, sondern als dessen Steigerung erscheint seine Sprache, wenn sie sich weigert, das Gemeinte zu fixieren. Das Wort, das nicht wie ein Stein auf das Wasser fällt, sondern konzentrische Kreise zieht, markiert keine Mitte, sondern deren Abwesenheit. Gerade diese Leerstelle ist es, in der das Denken sich seiner

Grenze bewusst wird – einer Grenze, die nicht als Ende, sondern als Bedingung von Anfang sich vollzieht.

So wenig Adorno und Heidegger in Inhalt, Methode und Weltverhältnis übereinstimmen mögen, so sehr konvergieren ihre Gedanken in einer gemeinsamen Skepsis gegenüber jener Vorstellung von Vernunft, die das Nichtidentische dem Begriff zu entreißen trachtet, um es dann in seine feste Ordnung zu zwingen. Beide – Heidegger wie Adorno – widersetzen sich der Vorstellung, dass das Wahre im Besitz des Denkens zu erlangen sei, als wäre es ein Objekt, das sich auf einem Altar der Objektivität niederlassen könnte. Diese Skepsis ist das Fundament ihrer philosophischen Praxis, in der das Denken nicht dem System oder der Logik als Werkzeug gehorcht, sondern vielmehr die Unmöglichkeit des Zugriffs auf das Ganze und das Unabschließbare zu einer produktiven Erfahrung macht.

Heideggers Konzeption des Denkens bewegt sich an der Grenze des Unbestimmbaren. Er weist darauf hin, dass „die Sprache das Haus des Seins" ist – ein Ort, an dem das Denken als ständiger Aufenthalt stattfindet, jedoch niemals zur endgültigen „Behausung" wird. Sprache ist für ihn nicht ein Mittel zur Erfassung des Seins, sondern die Bedingung, unter der das Sein sich zeigt, ohne sich jemals vollständig zu fassen. In der Stille, die Heidegger dem Denken auferlegt, entsteht ein Raum des Aufbrechens, in dem sich der Gedanke selbst auflöst, weil er nicht über die Wirklichkeit triumphieren kann, sondern sich ihr immer wieder in Respekt und Zweifel nähern muss. „Denken ist der Ort, an dem das Wesen des Seins nicht mehr fassbar wird, sondern immer neu in seine Offenheit tritt", könnte man sagen, um Heideggers philosophische Praxis zu beschreiben.

Adorno seinerseits, der in der Negation die Grundlage seiner dialektischen Methodik findet, setzt dem Denken keine Gewissheiten entgegen, sondern fordert es auf, sich immer wieder in die Widersprüche der Welt zu stürzen. Der Begriff als Herrschaftsinstrument ist für ihn der wahre Feind, da er das Nichtidentische durch Verallgemeinerung und Subsumtion gleichschaltet. Für Adorno ist das wahre Denken nicht das Bemühen, die Welt in einem geschlossenen System zu begreifen, sondern das unermüdliche Tasten an der Grenze des Unbegriffenen. Er spricht von der „negativen Dialektik" als einer Form des Denkens, das sich selbst nicht besitzt, sondern in der ständigen Weigerung des Abschlusses und der Lösung seine Befreiung findet. „Die Wahrheit ist das Unabgeschlossene, das dem Zugriff des Begriffs immer wieder entgleitet", könnte man die Essenz seiner Kritik zusammenfassen.

In dieser gemeinsamen Abwehr gegen die „systematische Vernunft", die alles in den Besitz des Begriffs bringen möchte, konvergieren die Stile beider Denker. Der Essay, als Medium dieser philosophischen Praxis, wird nicht zum reinen Gedankengut, das einem Publikum zur Verfügung steht, sondern zu einem Raum der stetigen Bewegung, der das Denken in seiner Unsicherheit, in seiner Fragwürdigkeit und Unentschiedenheit vollzieht. Die Form des Essays, die bei Heidegger das tastende Umkreisen des Seins und bei Adorno die reflektierende Negation ist, wird so zur Form der Skepsis selbst – einer Skepsis, die dem Denken Raum lässt, sich nicht zu vervollständigen und in der permanenten Fragestellung zu verweilen.

Der essayistische Stil ist bei beiden nicht bloß eine subjektive Beliebigkeit, sondern ein Widerstand gegen die Zwangsjacke der Systematik. In Heideggers „Seinsgeschichte" und Adornos „kritischer Theorie" bleibt das Denken immer in Bewegung – nicht aus Mangel an Entschiedenheit, sondern aus der Einsicht, dass das Denken nicht zur Vollständigkeit neigt, sondern zur Offenheit. Der Essay wird zur Probe aufs Exempel des Fragens, ein Denken, das sich nicht von der Antwort treiben lässt, sondern sich immer wieder in der Leere der Nicht-Antwort verankert.

Das Unabgeschlossene, das Fragliche, das immer auf den Punkt der Unbestimmtheit zurückführt, ist der wahre Ort der Wahrheit. Heidegger spricht vom „In-der-Welt-Sein" als einem Seinsverständnis, das nicht aus einer übergeordneten Perspektive auf die Welt schaut, sondern in der Welt selbst immer schon „drin" ist – als ein Nicht-Wissen, das die Offenheit des Seins zugänglich macht. Für Adorno wiederum bedeutet das Unabgeschlossene nicht eine schlichte Unvollständigkeit, sondern die Möglichkeit der Wahrheit jenseits der fertigen Form, die immer noch von der Widersprüchlichkeit des Lebens spricht. Das Leben selbst ist das Unabgeschlossene, das der Begriff niemals abschließend einholen kann.

In diesem ständigen Unruhestand des Denkens zeigt sich die wahre Form der Freiheit, die weder das Subjekt noch das Objekt in Besitz nimmt. Adorno und Heidegger zeigen uns, dass das wahre Denken nicht das Erlangen von Gewissheit ist, sondern die Bereitschaft, die Wahrheit in ihrer Offenheit und Unbestimmtheit zu leben. Es ist der Widerstand gegen das Faktische, der das Denken vorantreibt, das immer und immer wieder an seine eigene Grenze stößt. Wie bei Heidegger der Gedanke das „Sein" nur als ungreifbares Erscheinen erfassen kann, so bleibt der Gedanke bei Adorno im Widerstand gegen die Wahrheit, die sich nicht subsumieren lässt.

In diesem Schwebezustand – in dem das Denken seine eigene Begrenztheit als seine einzige Bedingung erkennt – trifft sich Heidegger mit Adorno. In der Fremde, die sie beide als unüberwindbare Differenz akzeptieren, entsteht das Denken der negativen Dialektik und der Reflexion, das sich in der Bewegung seiner selbst immer weiter entfaltet. Beide Denker sind sich einig in der Einsicht, dass der wahre Ort der Wahrheit dort ist, wo das Denken sich nicht sicher sein kann, wo es sich immer wieder in der Bejahung seiner eigenen Unvollständigkeit bewegt. Der Essay wird zur Bewegungsform dieses Denkens, das sich der Endgültigkeit verweigert und sich in der Frage selbst vollzieht.

FRANZ HESSEL
MEISTER DER KLEINEN FORM

I. Essayist und Meister der kleinen Form - eine Annäherung

Es ist eine stille Beharrlichkeit, mit der Franz Hessel sich der Welt nähert – eine Aufmerksamkeit, die nicht auf Erkenntnis im emphatischen Sinn zielt, sondern auf Begegnung. Geboren 1880 in Stettin, aufgewachsen im Wilhelminischen Reich, lebt Hessel in einem Jahrhundert der Umbrüche: Industrialisierung, Krieg, Republik, Exil. Doch wo die Zeit sich zuspitzt, verlangsamt sich sein Blick. Seine Prosa widersteht dem Impuls zur Systematisierung – nicht aus Mangel, sondern aus Entschluss. Inmitten der beschleunigten Moderne wird das tastende Fragment seine Form – nicht als Rückzug, sondern als Geste der Zuwendung.

Was Hessel schreibt, entzieht sich dem Zugriff des Allgemeinen. Es sind Texte ohne These, Beobachtungen ohne Fazit, Skizzen ohne Zentrum. Und doch liegt in ihnen eine Wahrheit, die nicht behauptet wird, sondern sich andeutet – im Vorbeigehen, im Zögern, im Innehalten. Diese Wahrheit ist keine systematische, sondern eine gestimmte: eine Wahrheit, die sich dem Moment verschreibt, nicht dem Begriff. Das macht Hessels Schreiben zu einer Übung in Nähe – nicht analytisch, nicht belehrend, sondern begleitend, fast zärtlich.

Berlin, jene Stadt, durch deren Passagen, Boulevards und Hinterhöfe Hessel sich bewegt, ist dabei nicht Kulisse, sondern Textur. Sie spricht nicht mit einer Stimme, sondern in Fragmenten: Licht und Schatten, Altbau und Warenhaus, Werbung und Pflasterstein. In dieser Vielstimmigkeit liegt kein Chaos, sondern ein anderes Ordnungsprinzip – eines, das Hessel nicht glättet, sondern hörbar macht. Die Stadt wird nicht erklärt, sondern erlebt; nicht durchschritten, sondern erspürt. In dieser Bewegung des Flanierens vollzieht sich eine Denkweise, die dem Begriff misstraut und der Erscheinung traut.

Was Hessel sucht, ist nicht das Wesentliche, sondern das Beiläufige. Er folgt nicht dem Bedeutenden, sondern dem Marginalen, das – wenn überhaupt – nur in der Art seiner Erscheinung Bedeutung gewinnt. In dieser Aufmerksamkeit für das Übersehene liegt eine Ethik: nicht als moralisches Prinzip, sondern als Haltung, die sich dem Festlegen verweigert. Hessel schaut, ohne zu fixieren. Er beobachtet, ohne zu klassifizieren. Das Einzelne darf bei ihm bestehen, ohne dass es ins Allgemeine überführt wird. Dies ist kein Relativismus, sondern eine Form von Treue – eine Treue gegenüber der Differenz.

Der Essay, dem Hessel sich verschreibt, ist Ausdruck dieser Haltung. Er ist Versuch – im emphatischen Sinn. Kein Vortrag, keine Argumentation, sondern ein tastendes Denken, das sich dem Stoff annähert, ohne ihn zu verzehren. Es ist, wie Adorno sagen wird, ein Denken, das an der Form der Darstellung emphatisch arbeitet – das nicht nur sagt, was es meint, sondern zeigt, wie es meint. Der Essay ist bei Hessel kein literarisches Nebenprodukt, sondern eine Erkenntnisform, die sich aus der Unabschließbarkeit ihrer Gegenstände speist. Darin liegt seine Modernität – und seine Skepsis gegenüber allem, was sich abschließen will.

Wer Hessel liest, betritt keinen Gedankengang, sondern einen Denkraum. Es ist ein Raum, in dem sich der Leser nicht belehrt fühlt, sondern eingeladen: eingeladen zur Wahrnehmung, zur Bewegung, zum Innehalten. Der Text ist kein Träger von Botschaften, sondern ein Ort des Aufenthalts. In dieser Offenheit liegt sein utopisches Moment: dass das Gegebene nicht alles ist; dass im scheinbar Nebensächlichen eine andere Welt aufscheinen könnte – eine, die sich nicht durch Begriffe, sondern durch Aufmerksamkeit erschließt.

Die Melancholie, die Hessels Texte durchzieht, ist kein Weltschmerz. Sie ist Ausdruck eines Wissens darum, dass das, was vergeht, nicht wiederkehrt – und dass es gerade deshalb bewahrt werden muss. Nicht im Archiv, nicht im Monument, sondern in der Geste. Diese Melancholie ist nicht resignativ, sondern präzise. Sie erkennt die Flüchtigkeit der Dinge – und antwortet darauf mit einem Schreiben, das nicht fixiert, sondern offen lässt.

So wird Hessel zum Meister der kleinen Form: nicht weil er das Große nicht gekonnt hätte, sondern weil er wusste, dass das Große oft nur im

Kleinen erscheint – tastend, brüchig, uneindeutig. Seine Texte sind Splitter einer anderen Wahrnehmung, Splitter einer Hoffnung, die sich nicht durch Lautstärke, sondern durch Genauigkeit behauptet. Und vielleicht ist es genau diese Hoffnung, die in ihnen fortwirkt: dass das Wirkliche nicht das schon Bekannte ist, sondern das Mögliche.

II. Zur Dialektik der kleinen Form

Es ist kein Zufall, dass Franz Hessel dem Großen misstraut. Der Geste des Systems, die sich umfassend gibt und im Begriff alles festzuhalten sucht, setzt er das tastende Fragment entgegen – nicht als Flucht, sondern als Form. Die kleine Form, in der sein Schreiben sich vollzieht, ist keine stilistische Marotte, sondern Ausdruck einer anderen Haltung zur Welt: Sie denkt nicht vom Ganzen her, sondern vom Einzelnen aus – vom Zufall, vom Nebensächlichen, vom kaum Wahrgenommenen, das doch mit Bedeutung gesättigt ist.

Was sich bei Hessel zeigt, ist das Fragment nicht als Mangel, sondern als Methode. In einer Welt, die von zunehmender Rationalisierung, Beschleunigung und Verwertbarkeit geprägt ist, gewinnt das Unfertige, das Offene, das Vorübergehende ein anderes Gewicht. Das Fragment verweigert sich der Linearität, der Zwecksetzung, der Übersetzung in das Allgemeine – und rettet gerade so das Besondere. Hessel denkt nicht systematisch, sondern spazierend: ein Denken im Modus des Zögerns, ein Schreiben, das sich dem Zufall überantwortet, ohne sich ihm auszuliefern.

Dabei ist seine Prosa nicht naiv. Sie weiß um das Verschwinden – und gerade deshalb hält sie inne. In *Spazieren in Berlin*, einem Text, der selbst schon Form gewordene Flanerie ist, wird das deutlich. Wenn Hessel vor einem unscheinbaren Schaufenster steht – hinter dem nichts Sensationelles, nur banale Alltagsware liegt –, dann verweilt er nicht, weil er etwas sucht, sondern weil er sieht. In diesem Moment – flüchtig, scheinbar bedeutungslos – öffnet sich ein anderer Blick. Das Schaufenster wird nicht Zeichen, sondern Gegenwart: eine Erscheinung, die nicht entschlüsselt, sondern erhalten werden will. Es ist dies jene „Aura des Alltäglichen", von der Benjamin sprechen wird: die Fähigkeit, im scheinbar Überflüssigen die Spur des Unverfügbaren zu erkennen.

In dieser kleinen Form ereignet sich eine Dialektik, die Adorno später als negative bezeichnen wird: eine Bewegung des Denkens, die das

Einzelne nicht unter das Allgemeine subsumiert, sondern es so betrachtet, dass das Allgemeine durch das Einzelne hindurch hindurchscheint – gebrochen, angedeutet, niemals vollständig erfasst. Die Wahrheit, die sich hier zeigt, ist keine des Systems, sondern des Moments. Und diese Wahrheit ist flüchtig. Sie ist an den Blick gebunden, an die Geste des Verweilens, an ein Denken, das nicht auf Besitz, sondern auf Begegnung zielt.

Die historische Zeit, in der Hessel schreibt, gibt dieser Entscheidung zusätzliches Gewicht. Berlin in den 1920er Jahren ist eine Stadt der Auflösung und Formierung zugleich: neue Medien, neue Mobilitäten, neue Öffentlichkeiten. Die Moderne inszeniert sich in Geschwindigkeit und Licht, in Serien und Reklame, in Funktionalität und Überblick. Dem stellt Hessel eine andere Chronik entgegen: eine des Verweilens, des Streifens, der mikrologischen Wahrnehmung. Seine kleine Form ist nicht bloß kontemplativ, sondern widerständig – eine leise Form der Kritik, die sich nicht in Gegenthesen äußert, sondern in der Entscheidung, zu schauen, wo andere nur eilen.

Die kleine Form bei Hessel ist damit auch Ethik. Sie ist eine Schule des Sehens, eine Zärtlichkeit im Umgang mit der Welt, die nicht behauptet, sondern horcht. Sie benennt nicht, sie belässt. In ihr zeigt sich das Denken als Geste – als ein In-der-Welt-Sein, das nicht beherrschen will. Was die große Form nivelliert, lässt die kleine bestehen. Nicht als Monument, sondern als Spur.

So vollzieht sich bei Hessel eine Umkehrung: Das Zentrum verliert seine Geltung, das Marginale rückt ins Blickfeld. Doch nicht, um ersetzt zu werden – sondern um die Ordnung selbst als kontingent sichtbar zu machen. In dieser Verschiebung liegt die eigentliche Bewegung seiner Prosa: eine Verschiebung von der These zur Beobachtung, vom Anspruch zur Geste, vom Ganzen zum Moment. Und vielleicht ist es genau diese Bewegung, in der sich – flüchtig, aber wirklich – eine andere Form von Welt andeutet.

III. Die Poetik der Aufmerksamkeit

Die Welt, die sich Franz Hessel erschreibt, ist keine geordnete, sondern eine durchlässige. Sie kennt keine Zentren, sondern Schwellen, keine Kategorien, sondern Erscheinungen. Was gewöhnlich als Randzone der Wahrnehmung verschwindet – das Nicht-Beachtete, das scheinbar

Überflüssige –, wird bei Hessel zur eigentlichen Kategorie des Bedeutsamen. Doch seine Aufmerksamkeit ist keine intellektuelle Anstrengung im herkömmlichen Sinn, kein Vermessen oder Deuten. Sie ist eine Geste: tastend, verweilend, ohne Anspruch auf Aneignung.

Diese Aufmerksamkeit ist nicht bloß Sammlung – sie ist Haltung. Eine Haltung, die das Einzelne nicht als Beispiel betrachtet, sondern als Ereignis. Was bei Hessel leuchtet, leuchtet nicht aus sich heraus, sondern im Blick, der es nicht vereinnahmt. Seine Prosa ist kein Archiv der Details, sondern eine Ethik des Schauens: Sie lässt das, was sie beschreibt, in seiner Eigenheit bestehen. Nichts wird hier in Funktion übersetzt, nichts auf Begriff gebracht. Das Denken bleibt nahe an den Dingen – nicht um sie zu benennen, sondern um ihnen zu begegnen.

In *Spazieren in Berlin* wird diese Haltung zur Methode. Das Flanieren, das bei Baudelaire noch eine Figur der Moderne war, wird bei Hessel zur Schreibweise. Er geht nicht, um anzukommen – er geht, um zu sehen. Die Stadt ist ihm kein System, sondern ein Text, der sich beim Lesen verändert. Häuser, Menschen, Schatten, Reklamen, Ladenschilder – nichts wird übersehen, aber nichts wird fixiert. Die Dinge bleiben in Schwebe, fremd und vertraut zugleich. In der Bereitschaft, „nichts allzu Bestimmtes vorzuhaben", liegt jene poetische Offenheit, die sich dem Zugriff des Plans entzieht – eine Erkenntnisform, die das Zufällige nicht als Störung, sondern als Möglichkeit begreift.

Dabei ist Hessels Blick kein harmonisierender. Er ignoriert nicht die Wunden der Zeit, nicht die Risse im Gewebe des Urbanen. Aber er beantwortet sie nicht mit Theorie, sondern mit Gegenwart. Seine Texte urteilen nicht – sie schauen. Und gerade in diesem Verzicht auf Urteil liegt ihr Widerstand. Gegen die Verdinglichung des Wirklichen, gegen die glatte Oberfläche der Moderne, gegen das Verschwinden des Einzelnen im Raster des Allgemeinen. Mit Adorno gesprochen: Hessel denkt in der Spur einer negativen Dialektik – nicht durch Abstraktion, sondern durch Konkretion. Das Einzelne bleibt unaufgelöst; und doch wird in ihm das Ganze berührt.

Diese Poetik der Aufmerksamkeit ist immer auch eine Poetik der Erinnerung. Nicht des Gedenkens, sondern der Rettung – im Benjamin'schen Sinn. Das, was nicht gezählt wird, was keine Spur im offiziellen Gedächtnis hinterlässt, erhält hier eine flüchtige Würde. Es wird nicht verklärt, aber auch nicht aufgegeben. Es darf erscheinen – und sei es nur für einen Moment. In diesem Moment geschieht etwas, das über sich hinausweist: eine andere Möglichkeit von Welt, die nicht gemacht, sondern gesehen werden will.

So ist das Fragment bei Hessel keine Flucht vor der Totalität, sondern eine andere Weise, ihr zu begegnen. Nicht durch System, sondern durch Vertrauen. Vertrauen in den Moment, in das Übersehene, in das, was keine Stimme hat. Und vielleicht ist es genau dieses Vertrauen, das seine Prosa trägt – gegen das Verschwinden, gegen die Glättung, gegen das zu schnelle Verstehen.

In dieser Haltung verbindet sich Ästhetik mit Ethik: die Weigerung, die Welt unter Begriff zu stellen, wird zur moralischen Geste. Hessels Schreiben vollzieht keine Kritik im klassischen Sinn – und doch ist es durchdrungen von einem Widerstand gegen jene Herrschaftsformen, die im Namen der Klarheit das Lebendige austreiben. Seine Texte denken durch Nähe – und in dieser Nähe liegt ihre Kraft.

Denn das Nebensächliche, das sie sichtbar machen, ist nicht bloß Ornament. Es ist Schwelle: zwischen Wahrnehmung und Gedächtnis, zwischen Gegenwart und utopischer Möglichkeit. Das Wirkliche, das sich hier zeigt, ist nicht das schon Verfügbare, sondern das, was noch nicht erkannt ist – und doch da. Und vielleicht ist es genau diese Schwebe, dieses offene Verharren, in dem sich Hessels Prosa erfüllt: nicht als System, sondern als Ahnung. Als Möglichkeit eines anderen Sehens – tastend, fragmentarisch, wirklich.

IV. Moderne und Tradition – Überlagerungen

Die Moderne bei Hessel ist keine Verheißung glatter Flächen. Sie ist Durchdringung, kein Neuanfang, sondern ein Übergang im Modus des Unfertigen. Was gemeinhin als Fortschritt erscheint – Geschwindigkeit, Technik, Rationalität –, tritt in seinen Texten nicht als Triumph, sondern als Störung auf: eine Bewegung, die das Alte nicht ablöst, sondern durchkreuzt. Berlin, die Stadt seiner Prosa, ist kein urbanes Versprechen, sondern ein Archiv. Ihre Straßen erzählen nicht von Aufbruch, sondern von Schichtung. Sie sind keine Achsen der Zukunft, sondern Palimpseste – beschriebene Flächen, über deren Schrift die Spuren früherer Texte weiterhindurchscheinen.

Der Flaneur – jene Figur des Zwischenraums – begegnet der Stadt nicht als Konstrukteur, sondern als Leser. Und was er liest, sind keine

Zeichen eines Neuen, das sich vom Alten löst, sondern Konstellationen: unruhige Überlagerungen, in denen Vergangenheit und Gegenwart sich nicht ablösen, sondern einander durchdringen. Die Moderne – sie erscheint bei Hessel nicht als Emanzipation vom Früheren, sondern als Ort der Sedimentierung. Das Jetzt trägt die Reste seiner Geschichte mit sich, nicht als Zitat, sondern als Widerstand: gegen das Vergessen, gegen die Reduktion, gegen die glatte Oberfläche der Zeit.

In *Spazieren in Berlin* wird dieser Blick zur Methode. Der Spaziergang wird zur Lektüre – nicht im Sinne eines Zieles, sondern als tastendes Verweilen zwischen Zeichen. An einer Straßenecke taucht plötzlich ein Name auf, der an eine verschwundene Ordnung erinnert; ein Innenhof eröffnet einen Blick in eine vergangene Welt, die noch nicht völlig verstummt ist. Fassaden werden zu Gedächtnisträgern, Treppenhäuser zu Schichten des Urbanen. Die Stadt entfaltet sich nicht durch Planung, sondern durch Brüche. Und es ist die kleine Form – die Miniatur, das Feuilleton, die Skizze –, die dieser Brüchigkeit gerecht wird. Sie überfordert das System nicht, sie umgeht es.

Diese Formen, scheinbar flüchtig, bewahren etwas – nicht indem sie es festhalten, sondern indem sie es durchlässig machen. Sie schreiben nicht Geschichte, sie halten sie offen. Hessel liest die Stadt wie einen Text, dessen Sinn sich nicht entschlüsseln lässt, sondern nur zeigt: flüchtig, im Vorübergehen, zwischen den Zeilen. Die Moderne, die sich hier entfaltet, ist keine Glättung, sondern ein Knäuel. Ihre Bewegung ist nicht linear, sondern palimpsestisch. Der Fortschritt bleibt unterbrochen – von Spuren, von Stimmen, von Schatten, die sich dem Licht des Neuen widersetzen.

Und in dieser Widerständigkeit liegt eine andere Geschichtsschreibung: eine, die sich nicht auf das Vollendete stützt, sondern auf das Offene. Hessel ist kein Nostalgiker. Er verwehrt sich sowohl der rein affirmativen Moderne als auch der musealen Rückwendung. Seine Kritik vollzieht sich im Dazwischen – in jenem Raum, der weder dem Neuen noch dem Alten vollständig gehört. Die Vergangenheit ist in seinen Texten nicht tot, aber auch nicht lebendig: Sie ist wirksam. Sie stört. Und gerade darin liegt ihre Kraft.

So wird die kleine Form zur Archäologie der Gegenwart: Sie legt frei, ohne zu entblößen; sie bewahrt, ohne zu fixieren. Inmitten der Beschleunigung der Weimarer Jahre, im Getriebe der Urbanisierung, zwischen Reklame, Kino, Warenwelt, wird sie zum Ort der Entzögerung.

Nicht um zu verweilen aus Schwäche, sondern um zu widerstehen. Um das, was überlagert ist, wieder hörbar zu machen – nicht in Form der großen Erzählung, sondern als Spur. Als Echo eines Anderen, das im scheinbar Bekannten weiterlebt.

Hessels Moderne ist nicht der Bruch, sondern die Spannung: zwischen Kontinuität und Unterbrechung, zwischen Gedächtnis und Bewegung, zwischen Form und Fragment. Und in dieser Spannung erscheint, flüchtig, die Möglichkeit einer anderen Gegenwart. Keine, die herrscht – aber eine, die andeutet. Und die kleine Form bewahrt sie – zögernd, tastend, offen – als Spur eines Denkens, das sich der Festschreibung entzieht, um das Erinnerbare nicht dem Vergessbaren zu opfern.

V. Chronist des Verborgenen
Gesellschaftliche Funktion und ästhetischer Widerstand

Franz Hessels Blick verweilt dort, wo das Sehen gemeinhin aussetzt: bei dem, was nicht zählt, was keinen Namen trägt, was in keiner Chronik verzeichnet wird. Nicht das Signifikante, das sich seiner Bedeutung sicher ist, sondern das Unverzeichnete, das dem Raster der Wahrnehmung entgleitet, wird bei Hessel zum eigentlichen Träger von Wirklichkeit. Seine Prosa, unscheinbar in der Geste, aber entschlossen im Ton, verleiht dem Alltäglichen eine Stille, die spricht – nicht laut, aber vernehmlich genug, um gegen den Lärm der Welt anzuklingen.

Die kleine Form – Feuilleton, Miniatur, Essay – ist ihm nicht nur Ausdrucksmittel, sondern ethisches Verfahren: Sie weigert sich, das Einzelne unter Begriff oder Nutzen zu subsumieren. Stattdessen lässt sie es stehen – in seiner Flüchtigkeit, seiner eigensinnigen Form. Das Schreiben wird zur Schonung, zum Zögern, zur Rettung dessen, was andernorts als „Nebensache" ausgeblendet wird. Damit widerspricht Hessel der Logik des Fortschritts, nicht im Namen eines restaurativen Gestus, sondern als poetische Infragestellung der Verwertbarkeit selbst.

Der Flaneur, als Figur und Methode, entzieht sich der Ökonomie der Aufmerksamkeit. Seine Bewegung ist keine Flucht vor der Moderne, sondern eine Umkehrung ihrer Rhythmen. Was als Beschleunigung erscheint, wird bei Hessel zur verlangsamten Spurensuche. Die Stadt ist nicht Bühne eines Spektakels, sondern Speicher: von Zeit, von Resten, von Unaufhebbarem. Das Sehen verwandelt sich in Lesen – doch nicht im

Sinne einer Entzifferung, sondern als Offenheit gegenüber dem, was sich zeigt, ohne sich zu erklären.

In dieser Haltung liegt ein leiser, aber entschiedener Widerstand. Es ist der Widerstand des genauen Hinsehens gegen die Ununterscheidbarkeit des Immergleichen. Wo die Kulturindustrie das Unverwechselbare glättet, um es reproduzierbar zu machen, besteht Hessel auf der Einmaligkeit – nicht als Pathos, sondern als Praxis der Erinnerung. Hier trifft sich sein Werk mit Benjamins Begriff der Aura: jener „einmaligen Erscheinung einer Ferne, so nah sie sein mag", die nicht im Monument, sondern im Augenblick des Zufalls aufleuchtet – in einem Gesicht, einem Blick, einer Geste.

Gerade diese scheinbare Zwecklosigkeit verleiht Hessels Schreiben seine gesellschaftliche Kraft. Es ist eine Form der Kritik, die nicht von außen urteilt, sondern von innen heraus befragt – durch das, was sie bewahrt. Nicht gegen die Moderne, sondern durch sie hindurch entfaltet sich ein utopischer Rest: die Hoffnung, dass es auch anders sein könnte. Inmitten einer Welt, die sich dem Tauschwert unterordnet, bleibt das Schreiben bei dem, was nicht verrechnet werden kann.

So wird die kleine Form zur großen Geste: nicht als Erhebung, sondern als Anruf. Hessels Flaneur ist kein Beobachter ohne Welt, sondern einer, der sie gerade im Verborgenen bewohnt. In seinem tastenden Gang, in seinem genauen Blick, liegt die Möglichkeit einer anderen Gegenwart – einer, die nicht besessen, sondern geteilt wird. Und vielleicht ist genau darin ihr utopischer Überschuss aufgehoben: in der Kunst, das Geringe als bedeutend zu behandeln, ohne es zu verklären.

VI. Gelassenheit als Utopie

Nicht in der Verharrung, sondern in der bewussten Aussetzung des Zweckhaften entfaltet sich Hessels Vision einer anderen Utopie. In einer Welt, die sich in unablässiger Beschleunigung verliert, wird das scheinbar Anachronistische des Flaneurs zu einem Akt des Widerstands. Es ist die Verlangsamung, die zu Kritik wird – das absichtslose Umherstreifen, das sich dem Diktat der Geschwindigkeit entzieht und der Welt die Möglichkeit eines anderen Seins zurückgibt. Der Flaneur ist nicht von der Welt abgewandt, sondern verweilt in ihr, um ihr durch das Innehalten einen neuen Rhythmus zu verleihen.

In dieser Gelassenheit liegt jedoch kein Rückzug, keine Passivität. Sie ist keine Flucht vor der Zeit, sondern eine bewusste Entscheidung, das Hier und Jetzt nicht dem unaufhörlichen „Wohin" des Fortschritts zu opfern. Sie ist die Kunst, „wo" zu sein, ohne sich der logischen Zielverwertung zu unterwerfen. Hessels Schreiben ist eine Entschleunigung im besten Sinne: keine Verdrängung der Gegenwart, sondern eine Erhebung des Kleinen und Marginalen, die aus der Flut des Alltäglichen hervortritt und ihre eigene Würde einfordert.

In einer Gesellschaft, die den Blick auf das Alltägliche verbaut und das Besondere im Strom der Masse untergehen lässt, stellt sich Hessels Poetik als Gegenbewegung dar. Die „Absicht zur Absichtslosigkeit" ist keine Geste der Resignation, sondern ein Widerstand gegen die kulturelle Syntax des Konsums, der das Leben in kategorische Effizienz und Verwertbarkeit auflöst. Im Flanieren, im Umherschweifen ohne Ziel, wird die Stadt nicht konsumiert, sondern gelesen – als Text, dessen Bedeutung sich nicht aus festgelegten Systemen erschließt, sondern aus dem Zögern, dem Schauen, dem Wiedererkennen des Übersehenen.

Das „Verweilen" bei Hessel ist daher keine passive Haltung, sondern eine reflexive Form der Auseinandersetzung. Der Flaneur nimmt nicht nur wahr, er dekonstruiert das Gewohnte. In einem Moment des Innehaltens erscheint die Welt nicht mehr als gegeben, sondern als Möglichkeitsraum, der sich nicht im rasenden Fortgang erschöpft, sondern sich in Fragmenten und Zwischenräumen als Utopie der Gegenwart zeigt. Es ist eine Utopie, die keine abstrakte Vision formuliert, sondern sich in den Rissen des Alltäglichen, in den Bruchstücken des Normalen manifestiert.

Die Poetik der Gelassenheit bei Hessel eröffnet damit einen Raum, der das Unerhörte im Gewöhnlichen sucht, das Messianische im unaufdringlichen Moment. In der Entschleunigung des Blicks, in der Würdigung des Nebenläufigen, findet sich eine Art von Gegenwart, die nicht mehr im linearen Fortschritt denkt, sondern im Asynchronen, im Nicht-Abgeschlossen-Sein. Es ist die Überzeugung, dass im Fragmentarischen, im Unsichtbaren das Potenzial einer anderen Welt noch aufscheinen kann – nicht als große Geste des Heilens, sondern als ein stets offenes, nicht eingefangenes Möglichsein.

So wird Hessels Gelassenheit selbst zur Utopie – eine Utopie, die in der Fähigkeit liegt, die Welt nicht zu verzehren, sondern zu betrachten, das Einzelne nicht in das Allgemeine aufzulösen, sondern zu bewahren.

Es ist die Hoffnung, dass gerade das Nebensächliche, das Übersehene, als letzter Hort des Möglichen den Überschuss einer anderen Gegenwart bewahren kann. In dieser Haltung ist die Zukunft nicht der Höhepunkt einer historischen Linie, sondern das Potential des Dazwischen – des Offenen, des Unabgeschlossenen. Das Rettende liegt im Augenblick, im Verweilen, in der Beharrlichkeit des Kleinen, das sich im Strom der Geschichte nicht verliert.

DAS WERK ALS FREMDES

Die Negativität der Autorschaft

Blanchots Einsicht, dass der Schriftsteller sein eigenes Werk nicht zu lesen vermag, ist keine psychologische Sentenz, keine romantische Pose des Künstlers vor dem Abgrund der Selbstentfremdung, sondern das Exponat einer tieferreichenden Verwerfung, in der sich das Verhältnis von Subjekt und Werk, von Schöpfung und Sprache, unaufhebbar bricht. Die Unmöglichkeit, das Eigene zu erkennen, ist nicht zufällig, sondern notwendig: Sie ist die Wahrheit eines Prozesses, der das Werk nicht als Verlängerung, sondern als Spaltung des Subjekts hervorbringt.

Die Schrift, einmal entäußert, gehört dem Autor nicht mehr. Sie ist nicht Besitz, sondern Entzug; nicht Aussage, sondern Stille; nicht Ausdruck, sondern die Negation jedes Ausdrucks. Was das Subjekt im Schreiben noch für sich reklamieren möchte, ist längst in ein Anderes übergegangen – ein Anderes, das sich nicht zurückübersetzen lässt in Intention, Biographie, oder Bedeutung. Das Werk, das entstehen sollte, ist nicht Resultat, sondern Widerhall eines Verlustes: jenes Moment, in dem das Subjekt sich selbst entgleitet und in der Sprache nur noch die Spuren seines eigenen Verschwindens hinterlässt.

Das Werk ist dem Autor fremd, wie die Welt dem Denken, das sie zu begreifen sucht, und sich doch in der Begriffsbildung selbst verliert. Die Unlesbarkeit des eigenen Textes ist der Index dieser Entfremdung: Der Autor steht dem Produkt gegenüber wie dem Unvertrauten, das, aus ihm hervorgegangen, nun autonom, ja feindlich gegen ihn steht. Wie Marx den gesellschaftlichen Prozess als zweite Natur beschreibt, der sich dem Einzelnen verselbständigt, so beschreibt Blanchot das Werk als zweite Sprache – nicht vom Autor gesprochen, sondern als sein Verstummen artikulierend.

In dieser Erfahrung – der Ohnmacht des Autors vor dem Eigenen – vollzieht sich ein Moment negativer Dialektik. Das Werk ist nicht das, was gelungen ist, sondern das, was sich dem Gelingen entzieht. Es ist der Ort, an dem das Subjekt sich nicht erfüllt, sondern zerfällt: nicht in Auflösung, sondern in Differenz. So wenig der Leser den Text besitzt, so wenig besitzt der Autor das, was er hervorgebracht hat. Die Schrift verweigert sich beiden: Sie existiert in einem Zwischen – weder Ursprung noch Ziel, sondern Prozess, der sich seiner eigenen Bewegung entzieht.

Blanchots Sprache, selbst an der Grenze zum Verstummen, markiert nicht ein Scheitern der Mitteilung, sondern deren eigentliche Bedingung: dass jedes Wort das Nichtgesagte mitführt, dass jede Bedeutung aus dem Abgrund der Bedeutungsverweigerung auftaucht. Das Werk spricht nicht, weil es etwas zu sagen hätte, sondern weil es das Schweigen zur Sprache bringt. Die Schrift wird so zur Chiffre einer Unmöglichkeit, die das Subjekt nicht überwindet, sondern an ihr als Subjekt überhaupt erst kenntlich wird.

So bleibt das Werk – wie die Ruine nach dem Einsturz – als Spurenfeld einer Anstrengung, deren Ziel sich selbst entzogen hat. Es ist die Form gewordene Negativität eines Anspruchs, der in der Sprache auf das trifft, was ihr entgeht. In dieser Figur trifft Blanchot auf Adorno: Nicht in der Affirmation des Fragmentarischen, sondern in dessen Wunde. Nicht als Spiel, sondern als Ernstfall des Denkens, das an der Objektivität seiner eigenen Hervorbringung zerbricht.

Der Autor erkennt im Werk nicht sich, sondern seine eigene Unkenntlichkeit. Das Schreiben verweist ihn nicht auf die Welt, sondern auf die Leerstelle in sich, die sich im Werk materialisiert hat. Das Werk ist das Echo seines Mangels: jenes Dunkel, das nicht durch Erkenntnis zu erhellen ist, sondern in jeder Erkenntnis als deren Grenze mitgeführt wird. Blanchots Autorschaft ist die Geste des Verschwindens: Das Subjekt schreibt sich aus dem Text hinaus – und hinterlässt einen Ort, an dem es nicht mehr ist.

Schreiben als Erfahrung des Fremdwerdens

Schreiben als Akt der Entäußerung ist der Weg des Subjekts zu sich selbst und zugleich zu seiner Selbstverneinung. Es ist die Bewegung, in der das Ich an der Grenze seiner eigenen Sprache scheitert, in der die Artikulation sich als Ohnmacht des Ausdrucks entpuppt. Im Moment der

Entäußerung, im Moment des Ausgreifens des Wortes auf das Papier, entgleitet das Subjekt seiner Kontrolle, und das, was als Ausprägung des Innersten begann, wird zur Chiffre des Nichtidentischen. Es ist der Moment, in dem das Wort, das sich vom Subjekt zu distanzieren sucht, unaufhaltsam zum Fremden wird. Jedes geschriebene Wort ist die Inschrift einer Differenz, die sich der Identität entzieht – und der Text wird zur Spur dessen, was im Subjekt ungesagt bleibt.

Das Werk, Produkt eines Prozesses, der sich der Herrschaft des Subjekts entzieht, ist kein Spiegelbild des Subjekts, sondern seine Verwerfung. Die Schrift stellt nicht die Vollständigung des Subjekts dar, sondern seine Aufhebung. Sie ist nicht die Verlängerung des Ichs, sondern die Negation seiner Intention. In der Objektivität des Geschriebenen wird die Ohnmacht des Schreibenden evident – ein Ohnmacht, die sich in der Differenz zwischen Subjekt und Werk materialisiert. Was als ein Versuch begann, das Subjekt in der Sprache zu vergegenwärtigen, wird unweigerlich zur Entfremdung: Der Text entgleitet dem Autor, verweigert ihm die Rückkehr zu sich selbst, und im Dazwischen taucht die Wahrheit auf, die sich der Verfügbarkeit des Subjekts entzieht.

In der Dialektik des Schreibens vollzieht sich die Tragödie des Subjekts: Um sich zu setzen, muss es sich zuerst verlieren, um im Schreiben das Ich zu überwinden. In der Fremdwerdung des Geschriebenen erfährt der Autor den Verlust seiner Selbst, indem er im Widerstand des Materials, in der Dichte der Form, die Grenzen seiner eigenen Subjektivität begreift. Das Werk tritt dem Autor entgegen – nicht als Ausfluss seiner Intentionen, sondern als Produkt seiner Ohnmacht. Was als Impuls begann, ein inneres Bedürfnis zur Sprache zu bringen, wird zur Anklage gegen das Subjekt, das sich in seiner Versammlung von Zeichen zu vergegenständlichen versuchte.

Der Abstand, der sich zwischen dem Autor und seinem Text auftut, ist keine bloße Lücke, sondern die Bedingung der Möglichkeit von Wahrheit. Diese Distanz ist keine negative Leere, sondern der Raum, in dem das Werk seine eigene Wahrheit entfaltet, die weder eine reine Abbildung des Subjekts noch ein exakter Ausdruck seiner Intentionen ist. Der Text wird zum Moment des Utopischen, aber nicht als Lösung oder Harmonie, sondern als die Ahnung eines Versöhnens, das sich in der Unvollständigkeit und dem Fragmentarischen manifestiert. In der Unabschließbarkeit des Werks – in seiner Unmöglichkeit, sich zu einem vollständigen System zu fügen – offenbart sich die Freiheit, die das Subjekt in seiner unaufhebbaren Ohnmacht nur erahnen kann.

Das Schreiben selbst wird zur melancholischen Übung der Ohnmacht, zu einer Praxis, die den Autor in eine Bewegung der Distanz zwingt, in der er sich selbst entzieht und im Widerstand des Materials die Erfahrung des Scheiterns macht. Diese Distanz ist nicht als Defizit zu begreifen, sondern als essentielle Voraussetzung der Wahrheit: In der Abwesenheit der Identität, im Verzicht auf ein endgültiges Bild des Subjekts, wird das wahre Moment des Schreibens verortet. Die Wahrheit, die hier aufscheint, ist keine bejahende Auflösung des Widerspruchs, sondern ein ständiges Hineinbewegen in den Abgrund des Unfassbaren, das sich im Moment der Artikulation nur als Fragment zeigt. Der Text wird zu einer negativen Spur, einer Spur des Unausgesprochenen, das sich in jeder Zeile, in jeder Wortwahl manifestiert, wie ein Schatten, der sich mit der Dichte der Sprache vermählt und die eigene Flüchtigkeit des Subjekts zur Sprache bringt.

In diesem Prozess ist es das Scheitern selbst, das den Weg zur Erkenntnis markiert: Das Subjekt wird in seinem Werk nicht als vollständiges, harmonisches Ganzes gefunden, sondern als fragmentiertes Ich, dessen Brüche und Spuren in der Schrift zur Geltung kommen. Der Text ist die Offenbarung einer Wahrheit, die nicht mehr das Subjekt begreift, sondern sich in der Differenz zu ihm als eine „andere" Wahrheit zeigt – nicht als Entschluss, sondern als eine immerwährende Frage. In dieser Unbeantwortbarkeit des Textes, in der Fremdheit der eigenen Worte, erlangt das Schreiben eine neue Form von Freiheit: nicht die Freiheit des Subjekts, sondern die Freiheit des Werks, das sich seiner Subjektivität entzieht und eine neue Wahrheit jenseits von Identität und Beständigkeit eröffnet.

So wird Schreiben zum Prozess der Selbstüberwindung des Subjekts, das nicht mehr im Werk als ein Abbild seiner selbst erscheint, sondern als das Subjekt der Negativität, das im Medium der Sprache seine eigene Zerrissenheit erfährt. Das Schreiben selbst wird zum „Unbehausten", das im Widerstand gegen die Vollständigkeit und das Systematische seine eigentliche Freiheit behauptet. Es ist der bleibende Rest des Subjekts, das sich selbst übersteigt, um sich in der Schrift in seiner Fremdheit, in seiner Endlichkeit, zu begreifen – als Spur, die im unaufhörlichen Zögern und Brechen der Sprache weiterlebt.

PASSAGEN

Fragmente über Sprache und das Schreiben

Sprache

Die Sprache ist älter als das Denken, aber nicht darum weniger tief. Sie ist nicht das Haus des Seins, wie man sagte, sondern der Ort, an dem das Seiende zögert, sichtbar zu werden. Jeder Laut, jedes Wort birgt ein Echo der Anfänge, nicht als Chronologie, sondern als Ahnung. So sprechen die Worte, ehe wir sie sprechen – sie gehen uns voraus, tragen Bedeutungen, die wir nicht gemacht haben.

Sprache ist nicht bloß Mittel. Sie ist das Milieu, in dem das Denken atmet. Es ist ein Irrtum, sie nur als Übertragung zu verstehen – sie ist kein Draht zwischen zwei Köpfen, sondern ein Feld, in dem sich die Dinge zeigen, sich verbergen, sich verändern. Wer spricht, bewegt sich in einem Raum voller Kräfte: der Zwang zur Form, der Widerstand des Materials, die Stille zwischen den Sätzen.

Denn Sprache widersetzt sich. Sie lässt sich nicht willfährig zwingen, sie weigert sich, dort mitzugehen, wo das Denken Gewalt übt. In dieser Weigerung liegt ihre ethische Kraft. Wer in der Sprache arbeitet, der merkt bald, dass sie nicht alles zulässt. Manche Wahrheiten können nicht gesagt, nur gezeigt, nur umkreist werden. Und manche Lügen klingen gerade darum überzeugend, weil sie reibungslos durch die Sprache gleiten. Die Wahrheit aber hinterlässt eine Spur: ein Stocken, ein Zittern, eine Unruhe im Satz.

Sprache ist Ursprung, weil sie uns überliefert ist. Sie ist Medium, weil wir in ihr leben. Und sie ist Widerstand, weil sie uns nicht gehört. Sie ist das Schweigen, das der Sinn sich aufgibt, bevor er spricht. Sie ist das Ungesagte, das durch uns hindurchklingt, während wir uns in der

Bedeutung verirren. Der Versuch, den Fluss der Sprache zu lenken, erweist sich als eine heillose Überforderung – sie entzieht sich unserem Willen, macht uns zu ihren eigenen Boten. Jedes Wort ist ein Relikt, das uns gleichzeitig entglitten ist, aber dennoch gegenwärtig bleibt, in dem Raum zwischen dem, was wir sagen, und dem, was wir wirklich meinen.

Worte sind Gebilde von Zeit und Geschichte. Sie kommen nicht aus dem Nichts, sie tragen die Spuren dessen, was war. Wenn wir ein Wort aussprechen, sprechen wir nicht nur uns an, sondern auch die, die vor uns sprachen – und in gewissem Sinne auch diejenigen, die nach uns sprechen werden. In jedem Wort lebt die Erinnerung an das Unausgesprochene, das sich stets wiederholt, jedoch in einer neuen Faltung der Zeit. So wird Sprache zu einem Medium der Erinnerung und des Vergessens zugleich. Sie trägt die Schichten der Vergangenheit, doch immer in einer Bewegung, die uns auf das Kommende hinweist, auf das, was noch nicht gedacht ist.

Doch dieser Widerstand ist kein Widerstand gegen die Kommunikation. Es ist kein Stoppzeichen, sondern eine Öffnung. Die Sprache widersteht dem Vollständigen, dem Abgeschlossenen, dem Finalen. Sie erlaubt dem Denken zu wachsen, sich zu dehnen, sich zu verflüssigen und zu verschieben, ohne je ganz auf einen Punkt zusteuern zu können. So bleibt sie das Medium des Gedankens in seiner fortwährenden Bewegung, das Tor zu einer Welt, die weder ein Ziel noch ein Ende kennt, sondern nur die Richtung des Suchens.

Wer in der Sprache lebt, muss sich ständig der Erkenntnis hingeben, dass keine Sprache je „fertig" ist. Sie wird nie der Wahrheit gerecht, sondern bleibt immer ein fragmentarisches Zeugnis, ein Zwischenraum zwischen dem Sagbaren und dem Unsagbaren. Die Wahrheit zeigt sich nicht in einem Satz, sondern in der Störung des Satzes, in der Unvollständigkeit des Gesagten. Es ist gerade diese Unvollständigkeit, die uns zur Sprache zwingt – nicht, um das Unaussprechliche zu fassen, sondern um uns mit seiner Fährte zu begnügen.

So bleibt die Sprache das Paradox der Erkenntnis. Sie ist der Ursprung, weil sie uns an das Unausgesprochene erinnert. Sie ist das Medium, weil wir nur durch sie in die Welt treten können. Und sie ist der Widerstand, weil sie uns nie in den Besitz dessen kommen lässt, was wir uns ersehnen. Sie lässt uns nicht ruhen, sie lässt uns nur fragen, ohne je eine Antwort zu geben. Und vielleicht ist es diese niemals abschließbare Bewegung, die die wahre Freiheit des Denkens ausmacht.

Worte

Nicht jedes Wort will gehört werden. Manche sprechen nicht laut, sondern flüstern – als wüssten sie um ihr Zerbrechliches. Es sind keine gebotenen Worte, keine lauten Begriffe, keine befriedeten Namen. Es sind Worte, die sich anschleichen, leise, tastend, als kämen sie aus einer Tiefe, die sich nicht zeigen will, sondern nur andeuten kann, was in ihr liegt.

Das Flüstern der Worte ist keine akustische Metapher. Es ist ein Zustand der Sprache, in dem ihr Klang mehr sagt als ihr Gehalt. Ein Wort kann klingen wie eine Erinnerung, wie ein Versprechen, das nicht eingelöst werden muss, weil es schon in seiner Andeutung erfüllt ist. Wer auf dieses Flüstern hört, hört mehr als eine Botschaft – er hört einen Ruf, der nicht ruft, sondern wartet.

Der Klang der Worte trägt ihre Geschichte mit. In ihm schwingen Zeiten, Räume, Stimmen mit, die längst verklungen sind. Und manchmal ist es die Stille nach dem Wort, die am meisten sagt – nicht weil sie leer wäre, sondern weil sie offen bleibt, als hätte sie Platz gelassen für das, was sich nicht sagen lässt. Es gibt Sätze, die enden wie Türen, die nicht ganz geschlossen wurden.

Sprache kann nicht alles. Doch was sie kann, beginnt oft dort, wo sie leiser wird. Das Eigentliche spricht nicht im Imperativ, sondern im Schatten der Silbe. In der Andeutung liegt ihr Raum. In der Stille ihr Echo. Und im Flüstern – vielleicht das Wahre.

Im Flüstern ist die Sprache nicht das, was sie zu sein scheint. Es ist der Moment der Entfaltung, der keines Abschlusses bedarf. Hier liegt keine Antwort, sondern nur das anhaltende Schwingen der Frage. Wer in diesem Flüstern lauscht, erkennt den wahren Klang des Ungesagten. Denn, was nicht ausgesprochen wird, bleibt nicht einfach unsichtbar, sondern verändert die Form dessen, was gesagt wird. Die Sprache öffnet sich in ihrem Schweigen, und im Flüstern lässt sie sich von der Welt berühren, die sie selbst nicht vollständig begreifen kann.

Es sind jene Worte, die sich wie Schatten verflüchtigen, bevor sie richtig in den Raum treten, die uns die tiefere Bedeutung der Sprache erahnen lassen. Sie sind wie der Hauch der Nacht, der an den Rändern des Lichts streift, sich nie vollständig manifestiert, aber dennoch eine Präsenz entfaltet, die mehr ist als nur ein Abglanz der Sonne. Das Flüstern spricht von der Zartheit der Dinge, die keine Erklärung brauchen, um wahr zu sein. Es spricht von der Wahrheit, die im Unausgesprochenen lebt, die sich dem direkten Zugriff verweigert und sich in der Unbestimmtheit von Raum und Zeit hält.

Und vielleicht ist es gerade diese Weigerung der Sprache, sich vollständig zu fassen zu geben, die ihre größte Kraft ausmacht. Im Flüstern liegt die Hoffnung der Sprache, dass das, was gesagt wird, nicht das Ende ist, sondern der Beginn eines anderen Verstehens. Das, was wir im Flüstern hören, ist nicht das endgültige Wort, sondern ein Hauch dessen, was noch kommen wird. Ein Versprechen, das uns in seiner Unvollständigkeit unaufhörlich auf der Suche nach dem Unaussprechlichen hält.

Es ist die Stille nach dem Wort, die den Raum öffnet für das, was zwischen den Worten liegt. Das, was wir im Flüstern hören, entzieht sich jeder festen Definition. Es ist der Zwischenraum, das Spannen der Luft zwischen den Silben, der Moment, in dem das Wort in seiner vollen Bedeutung noch nicht angekommen ist – und doch bereits auf uns wartet.

So bleibt das Flüstern der Worte der wahre Ausdruck der Sprache, die sich immer wieder neu erfindet, im Schweigen, im Zögern, im Hinausschreiten ins Unbekannte. Und vielleicht ist es gerade dieses unvollständige Sprechen, das uns am meisten lehrt: dass Sprache mehr ist als das, was sie sagt – dass sie in ihrem Schweigen und in ihrer Unbestimmtheit die tiefere Wahrheit verbirgt.

Wahrheit

Die Wahrheit ist nicht das, was feststeht. Sie ist das, was sich zeigt – für einen Augenblick, im Vorübergehen. Eine Spur, nicht ein Besitz. Man findet sie nicht, man bemerkt, dass etwas von ihr dagewesen sein muss. Sie hinterlässt keine Beweise, sondern Zeichen: ein Glimmen im Satz, ein unerklärbares Leuchten im Rand eines Gedankens. Wahrheit verweilt nicht, sie zieht vorüber – und gerade deshalb hinterlässt sie eine Furche im Denken, die nicht verschwindet.

Offenbarung heißt nicht: Alles wird sichtbar. Es heißt: Etwas war da, und wir haben es nicht ganz gesehen, aber wir wissen, dass wir gesehen haben. Das Eigentliche zeigt sich nicht als Inhalt, sondern als Geste. Ein Licht, das etwas berührt hat. Der Rest ist Schweigen. Oder Staunen.

Wahrheit lebt von ihrer Abwesenheit. Wo sie behauptet wird, ist sie oft schon verloren. Sie duldet keine Gewalt. Sie zeigt sich dort, wo niemand sie zwingt – wie ein Tier, das nur kommt, wenn man ruhig sitzt. Man kann sie nicht machen. Man kann nur Räume schaffen, in denen sie sich zeigen könnte: in einem Gedicht vielleicht, in einem Blick, in einem Satz, der zögert.

Und manchmal ist es das Licht selbst, das zur Wahrheit wird. Nicht das, was beleuchtet wird, sondern das Leuchten. Die Wahrheit ist nicht im Objekt, sondern in der Art, wie es erscheint. In der Art, wie es uns ansieht, ohne dass es Augen hat.

Die Wahrheit ist kein fixierbares Ziel, sondern eine permanente Frage, die uns nicht loslässt. Sie ist die Bewegung zwischen dem, was wir verstehen, und dem, was sich immer wieder entzieht. Sie ist der Moment des Innehaltens, bevor wir in die Nähe des Unaussprechlichen gelangen. Wahrheit kann nicht im stillen Besitz gehalten werden, sie entgleitet uns immer wieder, wenn wir versuchen, sie festzuhalten. Sie ist die zitternde Linie, die uns im Unklaren lässt, und doch ist sie dort, wie ein Hauch, der uns durchströmt, sobald wir uns still genug zeigen.

Wo wir glauben, sie zu besitzen, hat sie sich längst verflüchtigt. Sie ist wie das Flimmern eines Lichts, das nicht greifbar ist, aber dessen Strahl uns für einen Moment ins Innere eines Bildes blickt. Es ist die Bewegung des Augenblicks, die uns immer wieder erfasst, und doch nicht zu fassen ist. Sie ist keine Erlösung, sondern ein andauerndes Ringen – ein Suchen, das nie endet, weil es nicht darum geht, sie zu finden, sondern immer wieder neu zu erkennen.

Wahrheit lebt in der Leere zwischen den Worten, im Raum der Stille, der sich öffnet, wenn das Sprechen sich zurückzieht. Sie tritt nicht hervor in der Lärmenden, sondern in der subtilen Zwischentönung, in der Andeutung, die uns nach einem Wort, einem Klang oder einer Berührung suchen lässt. Sie ist nicht der Inhalt, der das Objekt ausfüllt, sondern der Raum, der sich um das Objekt öffnet und es uns zeigt, ohne dass es sich ganz offenbaren muss.

In der Wahrheit steckt das Paradoxon der Erkennbarkeit. Sie ist das Unaussprechliche, das durch das Sprechen hindurchschimmert, das Unsichtbare, das sich durch den Blick zeigt. Sie bleibt immer eine Entgegnung des Denkens auf das Dasein, das nie vollständig erfasst werden kann. Sie ist der ständige Schatten des Wissens, der uns zwar berührt, aber niemals in Besitz genommen werden kann.

Und es ist diese Abwesenheit, die uns in den Bann zieht – nicht das, was ist, sondern das, was nicht ganz in uns aufgelöst werden kann. Die Wahrheit ist der Hauch des Wissens, der sich über den Dingen ausbreitet und uns den Blick in das Unbekannte öffnet. Sie bleibt der ständige Begleiter des Denkens, das im Ringen mit dem Unaussprechlichen seine wahre Gestalt findet.

Vielleicht ist es dieses Streben, das nie zu einem endgültigen Ziel führt, das den wahren Wert der Wahrheit ausmacht. Sie ist der Prozess des Suchens, der Geste des Fragens. Sie ist ein immer wieder neu beginnender Moment des Werdens, der keine Erfüllung kennt, weil die Erfüllung nie das Ziel ist, sondern der Moment der Erschütterung. Wahrheit, so bleibt sie, lebt nicht im Festen, sondern im Flimmern, in der offenen Weite der Fragen, die uns immer weiter treiben.

Schreiben

Man schreibt nicht, weil man etwas weiß. Man schreibt, weil man etwas ahnt, das sich nicht sagen lässt, bevor es gesagt ist – und vielleicht auch dann noch nicht. Schreiben ist eine Bewegung ins Ungewisse, ein Schritt an den Rand des Sagbaren. Eine Schwelle, kein Ziel.

Die Hand tastet über das Papier – oder das Tastfeld –, als horchte sie auf eine Stimme, die nicht aus ihr kommt. Der Gedanke ist nicht voraus, er ist im Werden. Man schreibt, um ihm entgegenzugehen, mit jedem Wort ein Versuch, ihn nicht zu verlieren. Schreiben heißt, dem Kommenden Raum zu geben, nicht es zu formen. Und so ist jedes Wort ein Fund. Ein unerwartetes Geschenk. Etwas, das nicht gemacht wurde, sondern kam.

Aber es kommt nicht auf Zuruf. Schreiben ist Warten. Nicht passiv, sondern aufmerksam. Es ist eine Form des Hörens mit der Hand, eine Geduld, die nicht leer ist, sondern bereit. Das Wahre zeigt sich nicht in der Hast. Es nähert sich langsam, tastend, und verschwindet, wenn man es zu greifen versucht.

So ist das Schreiben ein Ort, an dem das Denken sich selbst belauscht – nicht um sich zu erkennen, sondern um die Stille zu hören, aus der es geboren ist. Wer schreibt, setzt sich an diese Schwelle. Und manchmal geschieht es: Ein Satz erscheint, der mehr weiß, als der Schreibende wusste. Dann hat das Warten gesprochen.

Das Schreiben ist nicht nur ein Akt der Entfaltung des Gedankens, sondern ein Verweilen in der Lücke zwischen dem Gesagten und dem, was sich noch nicht gezeigt hat. Die Worte sind der Versuch, das Nichtgesagte zu berühren, es ins Sichtbare zu holen, ohne es jemals wirklich fassen zu können. Es ist der Akt der Annäherung an das Ungeformte, das Unausgesprochene, das nur durch den Akt des Schreibens eine flimmernde Gestalt annimmt.

Jedes Wort, das zu Papier kommt, ist ein Zeichen des Ungesagten, das in seiner Formulierung immer unvollständig bleibt. Schreiben ist kein Prozess des Festhaltens, sondern des Loslassens. Die Hand, die schreibt, folgt dem unhörbaren Rhythmus der Gedanken, die immer nur in Bewegung sind, nie in einem stillen Endzustand verweilen. Es ist eine Geste der Hingabe, ein Sich-Öffnen für das Kommende, das nie ganz in den Griff zu bekommen ist.

Und dennoch, in dieser Bewegung, in diesem Fortwährenden, wohnt die Wahrheit des Schreibens. Nicht in der Perfektion des Satzes, sondern in der Auseinandersetzung mit der Unvollständigkeit, in der Bereitschaft, das Unausgesprochene zu tragen, bis es eines Tages von selbst in den Raum tritt. Das Schreiben ist, als ob man mit der eigenen Unsicherheit lebt, sie nicht abwehrt, sondern sie als Mittel des Denkens einsetzt. Es ist die Bereitschaft, das Unfertige anzunehmen, und es ist das Warten auf den Augenblick, in dem sich der Gedanke von selbst offenbart.

Schreiben ist ein Ort der Entfaltung, aber nicht in der Weise, dass der Gedanke klar wird und sich in einer wohlgeordneten Form wiedergibt. Vielmehr entfaltet sich der Gedanke durch die Sprache selbst, durch das Zögern und Suchen. Der Satz, der auftaucht, ist wie ein Fragment eines größeren Ganzen, das wir nicht sehen können, aber das sich im Schreiben selbst zeigt. Der Gedanke nimmt Form, nicht weil er gewollt wird, sondern weil er durch das Schreiben hindurch wächst.

In dieser Geduld des Wartens, in diesem langsamen Näherkommen an das Unaussprechliche, geschieht das Unvorhergesehene. Der Satz, der mehr weiß als der Schreibende, ist nicht das Ergebnis eines geplanten Gedankens, sondern das Moment, in dem sich die Schwelle öffnet und der Gedanke die Sprache in eine Form führt, die ihr nie ganz gehört hat. In diesem Augenblick weiß man, dass das Schreiben nicht nur ein Entfalten von Ideen ist, sondern ein Ereignis des Denkens, das sich selbst übersteigt.

Der Schreibende wird, für einen kurzen Moment, nur zum Vermittler, zum Zeugen eines Vorgangs, der größer ist als er selbst. Es ist das Moment der Offenbarung im Schreiben, das sich immer wieder entzieht, und doch für einen Augenblick im Satz aufscheint – flimmernd, wie ein Bild, das nie ganz zu fassen ist.

Zeit und Gedächtnis

Die Zeit ist kein Fluss, der gleichmäßig dahinzieht. Sie ist ein Raum, in dem Erinnerungen wie Licht aufblitzen, nicht linear, sondern in Fragmenten, die aneinanderstoßen und sich überlagern. Erinnerung ist keine Reproduktion der Vergangenheit, sondern ihre Wiederkehr im Moment des Gedächtnisses. Sie ist kein Bild, das sich bewahrt, sondern ein Nachbild, das sich in der Unschärfe seines Ursprungs nur dann begreifbar macht, wenn man es im Flimmern eines Augenblicks fängt.

Die Erinnerung ist nicht still. Sie drängt sich auf. Sie ist das Messianische im Vergangenen – ein Anbruch, ein Hoffen auf eine Wahrheit, die nur im Bruch mit der Vergangenheit erscheinen kann. Die wahre Erinnerung ist kein archäologischer Fund, sondern ein aktiver Prozess, ein Erwecken von etwas, das noch nicht war, aber immer schon gewesen sein könnte. Im Gedächtnis lebt der Widerstand gegen das Vergessen – aber nicht als bloße Bewahrung, sondern als Kampf gegen das Zurückdrängen dessen, was geschehen ist.

So ist auch das Bild der Vergangenheit kein stabiles Abbild, sondern ein Zerrbild, das nur im Riss der Zeit sichtbar wird. Die Zeit, die wir erleben, ist stets ein Nachbild – sie ist das, was bleibt, wenn alles andere verschwunden ist. Sie ist das Gedächtnis der Welt, das im Bruch mit dem Vollendeten lebt und im Zerren an den Ecken der Erinnerung aufscheint.

Vielleicht ist es genau dieser Bruch, der uns zur Wahrheit führt: nicht in der Bewahrung des Vergangenen, sondern in der Ahnung des Kommenden. In der Zeit, die uns nicht nachhinkt, sondern vorangeht, im Aufleuchten eines Augenblicks, der mehr enthält, als er zeigen kann. Gedächtnis ist der Moment des Widerstandes gegen die Fließrichtung der Zeit – der Moment, in dem die Welt in einem einzigen Bild erstrahlt.

Dieser Moment des Widerstandes gegen die Zeit ist kein Festhalten, kein Verharren im Vergangenen, sondern ein sich Öffnen für das, was noch zu kommen scheint, für das, was in der Erinnerung aufleuchtet, ohne sich je ganz zu fassen. Die Erinnerung wird so zu einem Akt des Wartens, eines Wartens auf das Kommende, das sich in der Sprache der Vergangenheit verbirgt. Was die Zeit von uns verlangt, ist nicht das Halten, sondern das Sehen – ein Sehen, das nur durch die Unvollständigkeit des Erinnerns möglich wird. Es ist der Augenblick, in dem wir mit der Zeit, die sich nicht mehr vollständig begreifen lässt, in Resonanz treten.

Die Vergangenheit ist kein abgeschlossener Kreis. Sie ist ein offenes Bild, das sich nur durch die Brüche, die es trägt, als Wahrheit zeigt. Jeder Blick auf die Vergangenheit ist ein Blick in einen Raum, der nie ganz abgeschlossen wird. Er lebt in der Bewegung, im Zerren zwischen dem, was war, und dem, was sein könnte. Die Erinnerung, so ist sie, lebt nicht in einem abgeschlossenen Bild, sondern in der Offenheit des Augenblicks, der sich unendlich entfaltet.

Vielleicht ist es diese Spannung zwischen dem Gelebten und dem Ungelebten, zwischen der Entfaltung der Erinnerung und der Ahnung des Kommenden, die den wahren Charakter der Zeit ausmacht. Sie ist nicht das, was wir bewahren können, sondern das, was uns vorübergeht – das, was uns durchdringt und uns dazu anregt, über das Vergangene hinauszusehen. In diesem Moment der Erinnerung wird die Zeit selbst zum aktiven Prinzip, zum lebendigen Raum, in dem sich die Welt nicht wiederholt, sondern immer wieder neu aufscheint.

Die Erinnerung wird nicht durch das Vergessen gestört, sondern durch das Unvermögen, das Kommende zu fassen. In dieser Unbegreiflichkeit liegt der Widerstand gegen die Zeit, gegen die Entfremdung von dem, was war, und dem, was hätte sein können. Die Wahrheit ist nicht in der Vergangenheit zu finden, sondern in dem Moment, in dem wir die Risse in der Zeit erkennen und uns von ihnen führen lassen – hin zu einem Verständnis, das nicht von der Klarheit der Bilder lebt, sondern von der Spannung der Erinnerungen, die nie ganz zu einem Bild werden.

Gedächtnis ist der Widerstand gegen den Fluss der Zeit. Es ist der Widerstand, der uns zu dem Bild der Welt führt, das nie zu Ende gedacht ist, sondern sich in der Offenheit seiner Brüche zeigt.

Namen

Ein Name ist nicht einfach das, was ein Ding bezeichnet. Er ist der erste Schritt der Welt in den Raum des Möglichen. Im Moment der Benennung wird etwas aus der Welt des Unbenannten herausgeholt, ein Funke entzündet. Doch genau darin liegt auch der Verlust: Der Name trennt das Ding von seiner Möglichkeit, es öffnet es, aber schließt es auch. Der Name legt etwas fest, was in seiner Unbenanntheit noch unendlich war. Die Benennung ist immer auch ein Abbruch, ein Verkleinern.

Doch der Verlust, den der Name mit sich bringt, ist nicht nur ein Fehlen. Im Verlust liegt die Erinnerung an das Unbenannte, an das, was sich niemals ganz fassen lässt. Der Name trägt in sich eine Lücke, eine Leere, die er selbst nicht füllen kann. Er verweist immer auf etwas anderes – auf das, was bleibt, wenn das Benannte sich auflöst. Der Name bleibt, auch wenn das Ding verschwindet, und in seiner verblassenden Präsenz erzählt er von der Unmöglichkeit, etwas vollständig zu erfassen.

In diesem Spannungsfeld zwischen Benennung und Verlust liegt die Wahrheit des Namens. Er ist nicht das, was er bezeichnet, sondern das, was er nicht erfasst. Der Name ist eine Geste der Annäherung, die nie zum Ziel kommt. Wer den Namen trägt, ist immer schon im Fluss zwischen dem, was er ist, und dem, was er sein könnte – zwischen der ständigen Entfaltung der Bedeutung und der Erinnerung an das, was der Name nicht sagen kann.

Der wahre Name ist der, den man nicht aussprechen kann, weil er immer schon im Schweigen mitschwingt – im Verlust des Ganzen, das er nie vollständig erfasst. Doch vielleicht ist er gerade deshalb so wichtig. Der Name ist der Ort, an dem sich die Welt zeigt – als Schatten dessen, was sie wirklich ist.

In der Unaussprechlichkeit des wahren Namens wird das Unbenannte immer wieder neu geborgen. Der Name lebt in der Zwischenzone zwischen dem Gesagten und dem Ungesagten. Er ist das, was im Sprechen bleibt, was sich entzieht, was immer nur an den Rand der Bedeutung vordringt, ohne je ganz hineinzutreten. Diese Leerstelle im Namen ist seine Wahrheit – sie zeigt sich nicht im Inhalt, sondern in der Form, dass er nie ganz das erfasst, was er zu erfassen sucht.

Der Name ist ein Ort des Übergangs, ein Ort des Werdens und Vergehens. Wie die Sprache, die stets in Bewegung bleibt, so ist der Name nie endgültig, sondern immer auf dem Weg, sich zu entfalten und gleichzeitig wieder zu zerfallen. Was der Name zeigt, ist nie das endgültige Bild, sondern die ständige Präsenz des Unausgesprochenen, das durch ihn hindurchschimmert. So ist der Name mehr als nur ein Identifikator. Er ist das erste Zeichen einer Welt, die sich im Fluss befindet – ein Fluss, der nie ganz stillsteht, nie ganz aufhört zu fließen.

Die Benennung öffnet einen Raum, aber sie begrenzt ihn auch. Der Name bringt etwas zur Welt, aber dieser Akt des Hervorbringens geht mit einer Trennung einher. Der Name schafft Abgrenzung, indem er das Unbenannte in das Bekannte zieht, indem er es zu etwas macht, das benannt und damit eingekapselt werden kann. Doch innerhalb dieser Abgrenzung bleibt der Name immer der Hinweis auf das, was nicht benannt werden kann – auf das, was in der Benennung selbst untergeht, was sich im Stillen, im Nichtgesagten, im Unbenannten verbirgt.

Und so bleibt der Name ein Akt des Erkennens und des Verstehens – aber immer auch ein Akt des Verlustes. Er zeigt, was war, aber er lässt auch das Unaussprechliche zurück, das der Name nicht umfasst. Der wahre Name ist der Name, der die Welt nicht festlegt, sondern den Raum für das Ungeahnte öffnet. Und in diesem Raum lebt die Wahrheit: nicht im Festhalten, sondern im ständigen Fließen der Bedeutung, im ständigen Vergehen und Wiederaufkommen des Unbenannten.

In diesem Schweigen zwischen den Namen – in diesem Raum der Lücke – lebt die Kraft des Namens. Der Name, der nie vollständig ausgesprochen wird, ist der Ort, an dem das Geheimnis der Welt sich in seiner Fülle zeigt – nicht als ein Bild, das wir fassen, sondern als ein Schatten, der uns in der Dunkelheit leitet.

Bilder

Ein Bild ist nie das, was es zeigt. Es ist das, was es andeutet, das, was im Moment des Betrachtens unscharf bleibt. Im Bild wird das Unsichtbare sichtbar – aber nicht als klarer Gegenstand, sondern als ein Schimmer, der sich vor uns entfaltet und wieder entzieht. Wir sehen nie das Bild als Ganzes, sondern nur seine Brüche, seine Ränder, die immer einen Teil des Ganzen verbergen.

Das Bild ist eine Erscheinung, nicht ein Abbild. Es ist nicht die Realität, sondern der Raum, in dem sie sich ereignet. Wo ein Bild erscheint, gibt es immer einen Schatten. Dieser Schatten ist nicht nur Dunkelheit, sondern eine andere Form der Präsenz – eine Präsenz des Fehlens, des Verborgenen. Wo das Bild etwas zeigt, öffnet sich gleichzeitig ein Raum des Unsichtbaren, das sich nicht fassen lässt. Was wir sehen, ist immer nur die Spitze des Berges. Darunter liegt das Ungezeigte, das Unsagbare.

In der Bewegung zwischen Bild und Schatten lebt die Dialektik des Erscheinens. Es gibt keine klare Trennung zwischen dem Sichtbaren und dem Unsichtbaren – vielmehr stehen sie in einem ständigen, unauflösbaren Verhältnis. Das Bild zeigt sich nur durch den Schatten, und der Schatten ist selbst eine Form der Sichtbarkeit. So wie das Licht ohne Dunkelheit nicht sichtbar wäre, ist auch das Bild nur als Gegenbild zu seinem Schatten erkennbar.

Was im Bild erscheint, ist nie endgültig. Es bleibt immer nur ein Augenblick der Offenbarung – und doch ein Augenblick, der das Unsichtbare in sich trägt. Vielleicht ist das Bild die Brücke zwischen dem, was wir wissen, und dem, was wir niemals wissen können. Es ist ein Versuch, das Unsichtbare zu fassen, obwohl es uns immer wieder entgleitet.

Denn was wir im Bild erkennen, ist nie das Bild selbst, sondern immer die Lücke, die es hinterlässt – der Raum, den es öffnet, in dem das Unsichtbare zwischen den Linien und Farben lebt. Die Wahrheit des Bildes ist nicht in dem, was es zeigt, sondern in dem, was es nicht zeigen kann. Im Bild verhält es sich wie mit einem Geheimnis, das sich nur in der Unvollständigkeit entfaltet. Je mehr wir es betrachten, desto weiter entfernt es sich von uns, wird es von uns weggezogen und bleibt gleichzeitig in seiner Nähe. Das Bild weist uns auf etwas hin, was nicht fassbar ist – und vielleicht ist es genau diese Unfassbarkeit, die es uns nahebringt.

Vielleicht ist das Bild die Form, in der wir dem Unsichtbaren begegnen können – nicht als Entfaltung, sondern als Andeutung. In seiner Zerbrechlichkeit spiegelt es uns die Fragilität unseres Wissens und unserer Wahrnehmung. Wo die Realität zu klar ist, gibt es keinen Raum für das Bild. Das Bild entsteht nur in der Unschärfe, im Riss zwischen dem Sichtbaren und dem Unsichtbaren, in der Spannung zwischen dem, was gezeigt wird, und dem, was uns verborgen bleibt.

Es ist dieser Raum des Ungezeigten, in dem das Bild seine wahre Bedeutung trägt. Vielleicht ist das Bild gerade deshalb so kostbar, weil es uns immer wieder an die Grenze unserer Wahrnehmung führt. Es lädt uns ein, den Schritt in das Unsichtbare zu wagen, das wir nicht begreifen, aber immer wieder spüren können. Es ist der Raum zwischen dem Bild und seinem Schatten, der das Geheimnis offenbart, das nie vollständig gesagt werden kann – und doch im Schweigen des Bildes immer gegenwärtig ist.

Lesen

Lesen ist keine passive Tätigkeit. Es ist eine Öffnung, ein Sich-Einstimmen auf etwas, das nicht von Anfang an verständlich ist. Der Text spricht nicht nur zu uns, er wartet auf uns. In jedem Wort liegt eine Einladung, aber auch eine Forderung: Verstehst du mich? Kannst du hören, was ich noch nicht gesagt habe?

Im Lesen ist der Leser nicht nur Empfänger, sondern Partner. Der Text ist nicht einfach eine Information, die übermittelt wird. Er ist eine Begegnung, ein Gespräch, das nie endet, sondern immer weitergeht – in den Gedanken, die der Text anstößt, in den Erinnerungen, die er weckt, in den Gefühlen, die er hervorruft. Lesen bedeutet, sich in den Text zu versenken, aber auch, sich aus ihm herauszuziehen. Der Leser wird zum Mitgestalter der Bedeutung. Ohne den Blick des Lesers bleibt der Text stumm.

Doch dieses Gespräch ist kein beidseitiges Gespräch. Der Text ist nicht darauf angewiesen, verstanden zu werden – er lebt aus sich selbst, unabhängig von der Reaktion des Lesers. Er spricht in seiner eigenen Sprache, die sich oft nur durch ein Schweigen hindurch erschließt. Das Lesen ist das Hören dieses Schweigens, das Suchen nach den Antworten, die der Text uns verweigert. In diesem Schweigen zeigt sich die Wahrheit des Textes – nicht als fertige Bedeutung, sondern als offenes Feld, in dem alles möglich ist.

Lesen ist, sich der Unendlichkeit eines Textes zu öffnen. Jeder Satz ist ein neuer Anfang. Jeder Absatz ein Schritt in eine andere Richtung. Und doch ist jeder Text auch ein Ziel, ein Ziel, das nicht an der Oberfläche zu finden ist, sondern im tiefen, fortwährenden Gespräch zwischen Leser und Wort. So wird das Lesen zu einem ständigen Wägen, einem fortwährenden Hin- und Hergehen – zwischen dem, was gesagt wurde, und dem, was nicht gesagt werden konnte.

Und doch, das Gespräch des Lesens endet nie wirklich. Der Text lebt weiter, wenn wir ihn verlassen. Die Worte, die wir in ihm fanden, tragen ihre eigene Resonanz in uns weiter. Lesen ist ein ständiges Wiederholen – nicht im Sinne einer bloßen Repetition, sondern als eine Rückkehr, die immer wieder neue Perspektiven auf das bereits Gelesene eröffnet. Es ist ein Raum, der sich nicht schließt, sondern immer wieder aufs Neue aufbricht. Wie ein Spiegel, der in sich unzählige Spiegelbilder birgt, ohne je zu einem endgültigen Bild zu gelangen.

In diesem Dialog, der über das bloße Verstehen hinausgeht, ist der Leser nicht nur auf der Suche nach dem „richtigen" Sinn, sondern auch nach den Lücken, den Pausen, den ungesagten Wahrheiten, die der Text zurücklässt. Diese Leerstellen sind keine Abwesenheit, sondern tragen in sich eine reiche Bedeutung, die nur in der Stille gehört werden kann. Vielleicht ist es gerade diese Stille, die das Lesen zu einem Akt des Erkennens macht – ein Erkennen, das nicht immer auf Wissen zielt, sondern auf ein Verstehen im Unausgesprochenen.

Lesen ist ein ständiger Prozess des Sich-Verlieren und Sich-Wiederfindens. Der Text zeigt uns, was wir nicht wissen, und konfrontiert uns mit dem, was wir niemals wissen können. Es ist eine Reise durch das Ungewisse, ein ständiger Tanz zwischen dem, was vor uns liegt, und dem, was uns bereits entglitten ist. Es ist die Bewegung eines Denkens, das sich selbst immer wieder in Frage stellt, niemals zufrieden mit dem, was es erreicht hat, sondern immer auf der Suche nach dem, was noch verborgen ist.

In diesem fortwährenden Gespräch wird der Text nicht einfach entlarvt, sondern entfaltet sich immer wieder neu. Es ist ein Dialog, der nicht abgeschlossen wird, sondern fortbesteht – in der Erinnerung, in der Assoziation, im Unverständlichen. So ist das Lesen nicht nur ein Zugang zu Wissen, sondern ein Zugang zu einer Erfahrung, die im Moment des Lesens beginnt und nie ganz abgeschlossen werden kann.

DER SATZ ALS ABGRUND

Mallarmé und das Unmögliche

Der Satz ist ein Abgrund. Jeder Versuch, ihn mit Bedeutung zu füllen, ist das Nachzeichnen der eigenen Ohnmacht in den Umrissen der Sprache. Mallarmé wusste das – und ließ dennoch nicht davon ab, das Unmögliche zu versuchen. Nicht zu sagen, was ist, sondern das Schweigen zu umkreisen, in dem das Sein sich verbirgt: Das war sein Projekt.

Es gibt Dichtung, die spricht – und solche, die vergeht. Mallarmé schrieb, um zu verschwinden. Die Idee des absoluten Werkes, die ihn umkreiste wie eine fremde Sonne, ist nicht metaphysisch im Sinne einer letzten Wahrheit, sondern negativ: ein Werk, das seine Vollendung nur in der Auslöschung seiner Welt findet. Das Buch, das nicht geschrieben wird, weil es das Buch ist.

Die Moderne hat in ihm nicht ihren Ursprung, sondern ihren Abgrund. Seine Ablehnung des Realismus ist keine ästhetische Pose, sondern Ausdruck einer metaphysischen Müdigkeit – die Welt hat kein Gesicht mehr, das sich zeigen will. Was bleibt, ist die Suggestion, der Hauch eines Gedankens, der sich nicht denken lässt, sondern nur als Rhythmus, als Stille zwischen den Worten erfahrbar ist.

Es ist ein Paradox, das bei Hegel wurzelt: Das Ende des Himmels ist der Beginn der Idee. Doch Mallarmé kehrt dieses Verhältnis um – aus dem Tod des Göttlichen folgt nicht der Triumph des Geistes, sondern das Vakuum, in dem der Geist ersticken muss, wenn er nicht lernt zu flüstern.

Mallarmés Poetik ist die Negation der Sprache durch ihre äußerste Verfeinerung. Die Wörter verlieren nicht ihre Bedeutung, sondern sie werden ihrer Last entkleidet, bis nur noch ihr Schein verbleibt – ein Flimmern, das mehr verschleiert als offenbart. In dieser Schwebe zwischen Sinn und Schweigen eröffnet sich das, was Adorno das Nicht-Identische genannt hätte: jenes Moment, das sich der begrifflichen Erfassung entzieht, gerade weil es im Medium der Sprache erscheint.

Er hat das Gedicht nicht als Mitteilung verstanden, sondern als Ereignis der Form. Es ist nicht die Welt, die sich in ihm spiegelt, sondern die Leere, in der Welt sich entzieht. Nicht Abbild, sondern Abwesenheit; nicht Repräsentation, sondern Evokation. Und so ist seine Lyrik weniger ein Werk als ein Widerstand – gegen das Sagbare, gegen das Verfügbare, gegen die Identität.

Benjamin hätte vielleicht geschrieben, dass in Mallarmés Versen der Engel der Geschichte kein Gesicht hat – dass er rückwärts stürzt in eine Zukunft, die keinen Namen mehr trägt. Denn Mallarmés Zeit ist nicht die lineare Chronologie des Fortschritts, sondern die zersplitterte Gegenwart der Möglichkeit. Seine Verse sammeln keine Erfahrung, sie zerstören sie – um Raum zu schaffen für eine andere Sprache, die noch nicht gesprochen ist.

Das Absolute, das ihn umkreiste, war nicht ein Gott, sondern eine Leere, die verlangt, benannt zu werden, ohne je benennbar zu sein. Diese Leere ist kein Nihilismus, sondern ein Ort der höchsten Empfänglichkeit: für das, was nie gesagt werden kann und dennoch drängt, gesagt zu werden. Das Gedicht ist der Ort dieser Spannung – ein Ort, der vergeht, sobald man ihn zu fassen versucht.

Mallarmé hat versucht, ein Schweigen zu schreiben, das nicht bloß Abwesenheit ist, sondern Form. Eine Stille, die spricht, weil sie nichts mehr zu sagen hat. Und vielleicht liegt genau darin die Utopie seiner Dichtung: dass dort, wo das Wort verstummt, eine andere Möglichkeit des Denkens aufscheint – nicht als Begriff, sondern als Ahnung. Als Spur. Als Geste.

Der *Würfelwurf* ist die radikalste Manifestation dieses Versuchs. Kein Gedicht im herkömmlichen Sinn, sondern ein räumlich gefächertes Fragment, ein typografisches Denken, das sich weigert, geschlossen zu sein. Die Seite wird zur Partitur des Schweigens, das Wort zur Geste seiner Zerbrechlichkeit. Hier wird der Vers zum Ereignis, das sich nicht mehr linear vollzieht, sondern sich entfaltet in einem Feld der Möglichkeiten, das zugleich Ordnung suggeriert und sie untergräbt.

Ein Würfel wird geworfen – doch es ist nicht der Zufall, der beherrscht werden soll, sondern das Bewusstsein seiner Unabschaffbarkeit, seiner strukturellen Immanenz in jeder Geste des Sagens. Dass der Zufall *nicht* abgeschafft wird, ist nicht das Scheitern des Gedichts, sondern seine Bedingung. Wie Adorno vom Kunstwerk fordert, das Unversöhnte nicht zu versöhnen, sondern auszuhalten, so bleibt Mallarmés Würfelwurf in der Schwebe: zwischen Sinn und Sinnlosigkeit, zwischen Kalkül und Katastrophe.

Die visuelle Zergliederung des Textes – seine Brüche, Einschübe, Leerräume – ist keine Dekoration, sondern Materialisierung einer Negativität, die jeden Versuch zur Einheit zersetzt. Das Gedicht ist ein „Raum der Lesbarkeit" (Benjamin), in dem keine feste Bahn des Verstehens mehr vorgegeben ist. Stattdessen entfaltet sich das Werk als Möglichkeitsstruktur: als ein Raum, in dem das Lesende sich selbst verliert, ohne je anzukommen.

Dass in der Mitte dieses Kosmos der Schiffbruch steht – die sinkende „MEERESGABEL", der untergehende „MEISTER" – ist kein Zufall der Bildlichkeit, sondern Chiffre einer ästhetischen Dialektik: Das Ich ist nicht mehr Träger der Sprache, sondern Fragment ihrer Bewegung. Wie bei Hegel die Substanz nur als Subjekt existiert, so zeigt sich bei Mallarmé: Das Subjekt existiert nur noch als Spur seiner Auslöschung.

Ein Gedicht, das aus der Katastrophe kommt, aber nicht von ihr spricht – das wäre die Formel, die Benjamin dem *Würfelwurf* hätte zuschreiben können. Und in Adornos Denken könnte es heißen: Hier wird Kunst nicht zum Ausdruck, sondern zum Einspruch – gegen das Diktat des Eindeutigen, gegen das Vergessen der Leere, die aller Sprache eingeschrieben ist.

Der Würfel fällt – aber nicht auf ein Ziel, sondern in einen Abgrund. Jeder Wurf ist ein Versuch, das Unlesbare lesbar zu machen, ohne es zu verraten. In dieser Unabschließbarkeit liegt das Ethos der Moderne, das Mallarmé nicht nur antizipiert, sondern formt: ein Schreiben, das sich seiner eigenen Ohnmacht bewusst ist – und darin seine einzige Wahrheit findet.

Dass der *Würfelwurf* nicht nur gelesen, sondern gesehen werden muss, ist kein äußerliches Stilmittel. Die Typographie ist bei Mallarmé nicht

Ornament, sondern Substanz. Die Aufspaltung des Textes auf der Fläche hebt die Linearität des Gedichts auf – jener Linearität, die immer schon der Illusion von Sinnproduktion Vorschub leistet. Stattdessen entsteht eine Konstellation, ein visuelles Feld, das mehr mit der Partitur als mit der Seite gemein hat: ein Raum, in dem das Auge nicht geführt, sondern verführt wird.

In dieser Auflösung des syntaktischen Zwangs vollzieht sich ein Akt negativer Freiheit. Die typographische Streuung – Wörter in Majuskeln, Leerstellen, abrupte Zeilenumbrüche, Richtungswechsel – ist kein Spiel, sondern ein Angriff auf die ideologische Glätte des Gedichts als geschlossene Form. Adorno hätte hierin das Moment des *Nichtidentischen* erkannt: Die Form verweigert die Totalität, indem sie sich ihrer selbst entzieht.

Der Leser wird nicht adressiert, sondern dezentrisch verstreut – wie ein Schatten auf der Fläche. In dieser Dislozierung wird das Lesen selbst prekär. Benjamin hätte gesagt: Das Gedicht verwandelt sich in eine „Landschaft aus Worten“, in der man sich nur orientieren kann, wenn man bereit ist, sich zu verlieren. Die Seite wird zur Karte des Sinns – aber es ist eine Karte, auf der keine Richtung festgeschrieben ist. Jeder Einstieg ist ein Risiko, jeder Blick ein Sturz in die Vieldeutigkeit.

Die Leere zwischen den Zeilen ist dabei nicht bloß Pause oder Rhythmus, sondern Substanz. Sie ist nicht das, was zwischen den Bedeutungen liegt, sondern das, was Bedeutung erst ermöglicht – und zugleich unterläuft. Die typographische Geste wird zum Ausdruck des Schweigens selbst: Ein Weiß, das spricht. Eine Pause, die aufbricht.

So erscheint der *Würfelwurf* als ein Gedicht, das seine eigene Zerstörung zum Prinzip erhebt – nicht in der Pose des Radikalen, sondern in der Stille eines tiefen formalen Bewusstseins. Das Gedicht ist nicht lesbar im herkömmlichen Sinne, weil es nicht *gelesen* werden will, sondern *geschehen* muss. Es ist nicht Mitteilung, sondern Ereignis. Nicht Diskurs, sondern Disposition. Die Typographie ist Mallarmés Instrument der Entweltlichung – ein Akt der Distanzierung, durch den erst sichtbar wird, dass jede Nähe zur Bedeutung nur eine Konstruktion ist.

Hier, in der Zersplitterung der Sprache auf der Fläche, trifft sich Mallarmé mit der Moderne in ihrem ursprünglichsten Impuls: nicht mehr zu sagen, was ist – sondern zu zeigen, dass es nicht mehr gesagt werden kann, ohne zu lügen. Der *Würfelwurf* ist keine Geste gegen das Gedicht. Dass der *Würfelwurf* nicht gesprochen, sondern gesetzt wird, bringt ihn näher an die Musik als an das Gedicht im traditionellen Sinn. Doch es ist eine Musik, der der Ton fehlt – oder besser: in der der Ton bereits Schweigen geworden ist. Der rhythmische Charakter des Textes ergibt sich nicht aus Metrum oder Melodie, sondern aus dem Verhältnis von Klang und Lücke, von Wort und Weiß. Jede typographische Verschiebung ist eine Zäsur, jede Leerstelle ein Taktstrich der Stille.

Mallarmés Seite ist eine Partitur des Verstummens – ihre Ordnung ist nicht linear, sondern seriell, fast aleatorisch. Die Verteilung der Wörter gleicht einer musikalischen Disposition, in der nicht das einzelne Motiv, sondern seine Wiederkehr, sein Abstand, seine Plötzlichkeit zählt. So wird das Lesen zum Hören: nicht der Sinn wird verfolgt, sondern der Klang der Unterbrechung, das Echo des Unausgesprochenen.

Diese musikalische Struktur berührt die Mathematik an ihrem äußersten Punkt – dort, wo das Maß selbst ungewiss wird. Der Würfel als Symbol ist hier keine Metapher des Spiels, sondern der mathematischen Wahrscheinlichkeit. Doch gerade weil *Un coup de dés jamais n'abolira le hasard*, wird deutlich, dass jede Ordnung ein Trugbild bleibt: Der Zufall ist nicht beherrschbar, sondern die Bedingung aller Form. Mallarmés mathematischer Blick ist ein nihilistischer: kein Versuch der Berechnung, sondern das Wissen, dass sich das Ganze nicht rechnen lässt.

Die Zahl – sonst Inbegriff des Fassbaren – wird zur Chiffre des Unverfügbaren. Der *Wurf* ist kein Entwurf, sondern ein Verwerfen: eine Bewegung ins Offene, die keine Rückkehr kennt. In diesem Moment verschränkt sich die Musik des Gedichts mit der abstrakten Struktur des Zufalls – es ist eine „komponierte Kontingenz", eine Ordnung ohne Zentrum. Nicht der Zufall wird aufgehoben, sondern das Bedürfnis, ihn aufzuheben. In dieser Geste liegt die tiefste Modernität Mallarmés: Er akzeptiert die Zersplitterung, ohne sie zu verklären. Er macht sie fruchtbar.

Die mathematische Struktur des Werks – sein kalkuliertes Streuen, sein Spiel mit Wiederholung, Abweichung, Modulation – ist nichts anderes als der Schatten einer Ordnung, die nie ganz sichtbar wird. Wie in der atonalen Musik eines Webern oder der seriellen Komposition, wird hier das Material nicht geordnet, sondern ausgesetzt. Es ist nicht der Sinn, der trägt, sondern die Struktur des Scheiterns, die Rhythmik des Immer-noch-nicht.

So ist Mallarmés *Würfelwurf* weder Musik noch Mathematik, sondern eine Form dritter Art: eine epistemologische Geste, in der das Denken seiner selbst bewusst wird – an der Grenze zwischen Klang und Kalkül, zwischen Ausdruck und Abstraktion. Ein Gedicht, das keine Antwort gibt, sondern nur die Bedingungen stellt, unter denen Fragen überhaupt noch möglich sind.

Niemand hat die Leere, die sich in Mallarmés Dichtung auftut, so unnachgiebig durchdacht wie Maurice Blanchot. Für ihn ist der *Würfelwurf* nicht nur ein Text, sondern eine Schwelle: das literarische Ereignis, in dem Sprache aufhört, Mitteilung zu sein, und zum Ort ihres eigenen Verschwindens wird. In Mallarmés Geste erkennt Blanchot das „Werk des Schweigens" – ein Werk, das sich nicht mehr durch das ausdrückt, was es sagt, sondern durch das, was es verweigert.

„Das Buch, das nicht geschrieben wird" – diese Idee, die Mallarmé ein Leben lang umkreiste, wird bei Blanchot zur Figur einer radikalen Passivität: Schreiben als Unterbrechung des Subjekts, als Aussetzung der Identität, als Erfahrung des *il y a* – des bloßen „Es gibt". Der Würfelwurf erscheint dann nicht als Spiel mit Sinn, sondern als Aufhebung des Autors, des Lesers, ja der Sprache selbst. Was bleibt, ist das *Ereignis des Literarischen*: das Gedicht als Ort, an dem nichts mehr gesagt werden kann – und gerade darin alles gesagt ist.

In dieser Denkbewegung findet sich eine letzte, paradoxe Konvergenz mit Adorno: Denn auch für ihn ist das wahre Kunstwerk nicht das, was sich mitteilt, sondern das, was sich entzieht. Mallarmés Gedicht ist kein Ausdruck – sondern Widerstand. Kein Monument – sondern Spur. Kein abgeschlossenes Werk – sondern ein Schwebezustand, in dem das Denken sich an seine Grenzen geführt sieht.

Mallarmé, so könnte man sagen, hat nicht *geschrieben*, sondern die Möglichkeit des Schreibens befragt – an jenem Punkt, wo das Gedicht aufhört, Gedicht zu sein, und zur Figur seiner eigenen Unmöglichkeit wird. Der Satz als Abgrund: Das war der Ausgangspunkt. Doch in der Bewegung durch diesen Abgrund hindurch hat sich gezeigt, dass dieser Satz kein Nihilismus ist, sondern ein Raum des Nachdenkens – über Sprache, über Form, über das, was sich nicht mehr sagen lässt und dennoch Gestalt verlangt.

Der *Würfelwurf* bleibt das große Nicht-Gedicht der Moderne: nicht als Verneinung, sondern als Leerstelle, aus der jede künftige Sprache erst möglich wird. Nicht der Zufall wird hier aufgehoben, sondern die Illusion seiner Tilgung. Was bleibt, ist das Flirren des Möglichen – eine Typographie des Schweigens, eine Musik des Abgrunds, ein mathematischer Schatten, der keinen Körper mehr wirft. Und doch ist genau das: das Werk.

sternenrest
(nach mallarmé)

zwischen zwei worten

ein

funkeln

vergeht

wie ein laut

den niemand

hörte

(oder doch
der himmel

atmete?)

SPRACHE UND DENKEN

Fragmente über das Sprachliche im Denken

Dass Sprache das Haus des Seins sei, ist ein Satz, der mehr verschweigt, als er sagt. Vielleicht ist sie eher das Labyrinth, in dem das Denken sich selbst verliert, während es noch meint, sich auszudrücken. Was gedacht werden kann, ist an Sprache gebunden – aber Sprache ist nie bloß Ausdruck des Gedachten, sondern dessen Bedingung und Verzerrung zugleich. Zwischen dem Begriff und dem, was er meint, klafft eine Leere, die sich nicht durch Präzision füllen lässt, sondern nur durch ein Denken, das sich seiner eigenen Unzulänglichkeit erinnert.

Wittgenstein, der mit dem Satz den Horizont des Weltlichen abzustecken versucht, stößt auf das Schweigen, nicht als Defizit, sondern als Grenze: Die Sprache zeigt, wo sie nicht mehr spricht. Benjamin, der Theologe unter den Materialisten, sucht in der Sprache nicht die Mitteilung, sondern die Rettung des Unausgesprochenen – ein Denken in Bildern, das mehr verrät durch das, was es nicht sagt. Adorno schließlich, der an der Sprache leidet, weil er sie nicht abschaffen kann, lässt sie gegen sich selbst zu Wort kommen – als Kritik an jener Versöhnung, die der Begriff zu leisten vorgibt.

Der Gedanke, der sich seiner selbst sicher ist, ist der unwahre. Nur im Riss, in der Nichtidentität zwischen Sprache und Sache, flammt Wahrheit auf. Dass Philosophie sich der Sprache zuwendet, bedeutet nicht, dass sie sie affirmiert. Im Gegenteil: Die Reflexion auf das Sprachliche ist der Ort, an dem Philosophie ihren eigenen Totalitätsanspruch verliert – und gerade darin ihre Würde bewahrt.

Sprache ist nicht das Werkzeug des Denkens, sondern seine Form – eine Form, die zwingt und verführt, strukturiert und verschleiert. Wer denkt, ohne auf die Sprache zu achten, denkt nicht. Doch wer sich ganz in der Sprache verliert, sagt nichts mehr. Die Dialektik zwischen Begriff und Unbegrifflichem ist keine Methode, sondern eine Notwendigkeit. In ihr steht das Denken unter dem Bann des Unausweichlichen und tastet zugleich nach der Freiheit, die in keinem Wort wohnt.

Diese Untersuchung ist keine systematische Gegenüberstellung. Sie ist der Versuch, den Spuren eines Denkens zu folgen, das in der Sprache nicht ankommt, sondern auf sie trifft – und dabei verwundet wird. Bei Wittgenstein, Benjamin und Adorno erscheint die Sprache nicht als Mittel, sondern als Schicksal des Denkens. Das Denken, das das Sprachliche vergisst, vergisst sich selbst.

1. Wittgenstein: Die Grenzen des Sagbaren

„Die Grenzen meiner Sprache bedeuten die Grenzen meiner Welt" – der Satz, scheinbar schlicht, verrät aber bereits, wie sehr Denken sich der Sprache unterwirft, gerade indem es sich über sie aufzuklären versucht. In Wittgensteins früher Philosophie wird Sprache zur Spiegelmaschine des Wirklichen, zur logischen Architektur des Weltgegebenen. Jenseits des Sprachlich-Formulierbaren liegt nicht etwa eine andere Welt, sondern das Schweigen – als methodisches Gebot und metaphysische Entsagung. Der Gedanke wird so auf das reduziert, was sich klar sagen lässt. Was sich aber nicht sagen lässt, soll man eben – schweigen.

Doch das Schweigen ist nie neutral. Es ist der Schatten der Logik, der Ort, an dem die Sprache sich ihrer selbst entledigen will, um in Klarheit zu enden – oder zu erstarren. Das Unsagbare ist bei Wittgenstein kein Ort des Denkens mehr, sondern dessen Ausschluss. Die Philosophie – so der logische Traktat – hat nichts mehr zu sagen, wenn sie ihre Sprache geklärt hat. Doch vielleicht beginnt das Denken erst dort, wo das Sagbare versagt.

Gegen die Reduktion des Denkens auf das Sagbare opponieren Benjamin und Adorno – nicht affirmativ, sondern in der Bewegung des Widerstands. Für sie ist Sprache nicht bloß Form, sondern Ausdruck – kein neutrales Medium, sondern Ort der Spannung zwischen Welt und Begriff, Ausdruck des Unverfügbaren, dessen, was sich dem Zugriff des Gedankens entzieht und gerade dadurch zur Wahrheit wird.

Benjamin, der Sammler unter den Philosophen, hört in der Sprache das Nachbeben einer verlorenen Einheit. In seiner Theologie des Sprachlichen liegt das Paradiesische nicht hinter, sondern als Utopie vor uns: jenes Versprechen, dass in jedem Wort eine Erlösung mitschwingt, die sich nicht durch Argumentation, sondern nur durch ein hörendes Denken erschließen lässt. Die gegenwärtige Sprachverwirrung – ein babylonischer Zustand – zeugt für ihn nicht von Unklarheit, sondern vom Riss der Welt selbst, der sich in den Zeichen niederschlägt.

Adorno wiederum verweigert sich der Vorstellung, dass Sprache jemals als bloßes Werkzeug funktioniere. Ihre Wahrheit liegt nicht in der Mitteilung, sondern in der Mimesis: in der Möglichkeit, das Nichtidentische, das Einzelne, das Unverwechselbare zur Erscheinung zu bringen. Was sich nicht begrifflich fassen lässt, darf nicht deswegen aus dem Denken verschwinden. Gerade das Fragment, das Unausgesprochene, birgt für ihn mehr Gehalt als die vollendete These. Denn Wahrheit ist nie identisch mit dem Begriff, sondern erscheint im Umschlag des Begriffs in sein Anderes. Darin liegt die Aufgabe der Philosophie: die Sprache zu „dialektisieren", bis sie bricht – und im Brechen, wenn auch nur für einen Moment, aufscheint.

Adorno und Benjamin nehmen Wittgensteins Schweigen nicht hin, sie hören es. Was bei ihm ausgeschlossen wird, das Unsagbare, wird bei ihnen zum Schlüssel dessen, was überhaupt gedacht werden *muss*. Es ist nicht Unsinn, sondern Überrest – der Abdruck einer beschädigten Welt. Das Unsagbare verweist auf das, was fehlt: Versöhnung, Gerechtigkeit, Wahrheit – Begriffe, die keine klaren Sätze bilden, aber dennoch das Denken verpflichten.

Die Sprache wird so nicht zum abgeschlossenen System, sondern zur offenen Wunde. Sie trägt Spuren dessen, was durch sie nicht gesagt werden kann. Und genau in dieser Unvollkommenheit, in ihrem Scheitern, liegt ihre Kraft: Sie ist nicht die Lösung, sondern das Problem – ein Ort, an dem sich Denken nicht beruhigt, sondern beunruhigt. Was Wittgenstein verschweigt, machen Adorno und Benjamin hörbar: nicht durch das Gesagte, sondern durch das, was zwischen den Sätzen steht – dort, wo Sprache in Kritik umschlägt.

2. Benjamin: Sprache als Offenbarung

Sprache – nicht als Werkzeug, sondern als Aura. In Benjamins Denken ist Sprache nicht das Mittel, durch das die Welt benannt wird, sondern das Medium, in dem die Welt spricht. Nicht nur der Mensch, auch das Ding, das Tier, das Mineral trägt Sprache in sich – nicht als Laut, sondern als Ausdruck. Die Sprache der Dinge ist stumm, und gerade darin beredt.

Im Aufsatz *Über Sprache überhaupt und über die Sprache des Menschen* wendet sich Benjamin gegen den modernen Irrtum, Sprache sei bloß Zeichen, dessen Bedeutung sich außerhalb seiner selbst erschöpft. Wer so denkt, hat den Verlust der metaphysischen Dimension bereits in Grammatik umgewandelt. Gegen den sprachtheoretischen Nihilismus der Moderne setzt Benjamin die Idee einer „reinen Sprache" – einer Sprache, die nicht vermittelt, sondern offenbart, nicht bezeichnet, sondern benennt. Der Name ist nicht das Etikett, sondern die Erscheinung des Wesens.

Die reine Sprache ist weder Ursprung noch Ziel, sondern Bruchstelle. Sie erscheint nicht systematisch, sondern in Momenten – im Fragment, im Bild, im Sprung. Wahrheit ist bei Benjamin nicht das Resultat logischer Operation, sondern ein Blitz in der Nacht des Bedeutens. Offenbarung ist kein Zustand, sondern ein Ereignis. Der Sinn ergibt sich nicht aus der Erklärung, sondern aus der Erschütterung. Die Sprache spricht nicht, um verstanden zu werden – sie spricht, um zu erinnern: an das, was in ihr einst war, und an das, was durch sie vielleicht wiederkehren könnte.

So wird Sprache bei Benjamin zur Spur des Messianischen: nicht als Zukunftsverheißung, sondern als Gegenwart des Noch-nicht. Das Unsagbare ist hier nicht die Grenze des Denkens, sondern seine Hoffnung. Es erscheint nicht in der Negation, sondern im Schweigen, das trägt – nicht unterdrückt. Der Gedanke, der sich diesem Schweigen aussetzt, wird nicht stumm, sondern hellhörig.

Gegen die Willkür der Zeichen stellt Benjamin das Gedächtnis der Sprache – ein Gedächtnis, das nicht linear, sondern kristallin ist. Jede Wendung, jeder Name, jedes Zitat wird zum Ort möglicher Erlösung: nicht weil es die Wahrheit *sagt*, sondern weil es auf sie verweist, sie ahnen lässt, in der Spannung zwischen Wort und Welt. Die Sprache ist magisch, weil sie sich nicht verbrauchen lässt. Sie bleibt: als Rätsel, als Rest, als Möglichkeit.

In Benjamins Denken ist das Denken selbst sprachlich – aber nicht im Sinne analytischer Klarheit, sondern als dunkle Durchlässigkeit. Der Philosoph wird nicht zum Grammatikprüfer, sondern zum Mystiker unter Historikern. Er entziffert die Welt nicht, er belauscht sie. Und was er hört, ist nicht Mitteilung – es ist Offenbarung, bruchstückhaft, aber zwingend.

3. Adorno: Sprache und das Nichtidentische

Sprache – nicht als Gefäß des Denkens, sondern als dessen Widerstand. Bei Adorno wird das Wort zum Austragungsort eines Streits, der nicht entschieden, sondern erinnert werden muss: jener zwischen Begriff und Sache, zwischen dem Allgemeinen und dem Einzelnen, das sich nicht fügen will. Wo Wittgenstein Grenzen zieht und Benjamin Offenbarung sucht, insistiert Adorno auf dem Riss.

Das Denken, das sich nicht ins System fügt, muss sprechen, als wäre es im Bruch: in Fragmenten, in Wendungen, in Abschweifungen, die keine Einheit stiften wollen. Die Philosophie wird zur Topographie des Unversöhnten – nicht um eine neue Totalität zu errichten, sondern um die Gewalt der alten sichtbar zu machen. Sprache ist dabei kein neutrales Medium: Sie ist durchtränkt von Geschichte, durchzogen von Herrschaft. Sie ist verrätselt, nicht aus Mangel, sondern aus Wahrheitstreue.

Das Nichtidentische – jenes, was sich nicht in den Begriff einfügt – ist kein Außen des Denkens, sondern dessen Skandal. In der *Negativen Dialektik* ringt Adorno dem Denken eine Sprache ab, die nicht versöhnt, sondern aushält. Jeder Satz trägt die Spur des Unausgesprochenen in sich; jedes Urteil muss das, worüber es urteilt, mitdenken als das, was es nicht restlos fasst. Der Gedanke bleibt im Vorbehalt, und seine Sprache tastet – nicht weil sie schwach ist, sondern weil sie stark genug ist, nicht zu lügen.

Adorno warnt vor der Verklärung der Sprache zum Mythos – ebenso wie vor ihrer Reduktion auf Funktion. Der Fehler liegt nicht darin, dass Sprache brüchig ist, sondern darin, dass man diesen Bruch glätten will. Das Wahre ist nicht das klare Wort, sondern das sprechende Zögern. Eine Philosophie, die ihrer Sprache traut, ohne sie zu bezweifeln, verrät das Denken. Die mimetische Kraft der Sprache – ihr Vermögen, das Andere zu berühren, ohne es zu ergreifen – ist keine Schwäche, sondern die Bedingung der Möglichkeit von Erkenntnis.

So bleibt Sprache bei Adorno Ort der Kritik – nicht ihrer Mitteilung, sondern ihrer Vollziehung. Im Aufschub, im Umweg, im Fragment zeigt sich das Denken selbst als das, was an sich zweifelt. Der Begriff, der nicht zur Sache wird, bewahrt das Nichtidentische – nicht als Besitz, sondern als Schuld. Sprache, die sich nicht beruhigt, sondern beunruhigt, bleibt die letzte Form, in der Philosophie noch wahr sein kann.

4. Konstellation: Sprache zwischen Grenze, Offenbarung und Kritik

Die Konstellation Wittgenstein–Benjamin–Adorno ist keine Harmonielehre. Ihre Namen stehen nicht für Positionen, die sich ergänzen ließen, sondern für Spannungen, die sich nicht auflösen – und darin Wahrheit zeigen. Die Sprache, die sich hier entfaltet, kennt keine Einheit, kein Fundament, kein letztes Wort. Sie umkreist ein Zentrum, das sich entzieht.

Wittgenstein zieht Grenzen, wo das Sagen an sein Ende kommt. Er entdeckt im Schweigen nicht das Geheimnis, sondern die Form. Der Satz ist für ihn ein Bild, das sich am Wirklichen misst. Doch das Unsagbare – das, was uns angeht – wird exiliert, nicht erlöst. Philosophie wird zur Operation am Sprachgebrauch, nicht an der Welt.

Benjamin hingegen will nicht schweigen, wo das Unsagbare beginnt. Er hört in der Sprache den Nachhall des Paradieses – nicht als Ort, sondern als Möglichkeit. Im Fragment, im Namen, in der Sprache der Dinge schimmert ein Anderes auf, das nicht gemacht, sondern gegeben ist. Sein Denken ist allegorisch, seine Sprache ein Medium des Erinnerns, nicht der Mitteilung. Zwischen Magie und Messianismus bleibt Benjamins Sprache eine, die mehr verheißt, als sie sagt – und gerade darin spricht.

Adorno schließlich verweigert sich der Versöhnung. Das Nichtidentische, das sich der Sprache entzieht, ist für ihn nicht das Andere der Sprache, sondern ihr innerstes Moment. Der Begriff verletzt, indem er fasst. Und doch ist das Denken an den Begriff gebunden – wie an einen Zwang, der nur durch seine eigene Bewegung dialektisch unterlaufen werden kann. Adornos Sprache spricht nicht glatt – sie stolpert, insistiert, verweigert sich dem Fluss. In ihrer Sperrigkeit bewahrt sie, was dem Begriff entgeht.

Dreifach erscheint die Sprache hier: als Grenze, als Offenbarung, als Widerstand. Keine dieser Figuren lässt sich auf die andere reduzieren. Und doch kreisen sie um ein gemeinsames Unbehagen: dass Sprache nie einfach Mittel ist. Dass sie trägt – und verrät. Dass sie Licht wirft – und Schatten wirft. Dass sie spricht – und im entscheidenden Moment stumm wird.

Philosophie, in dieser Konstellation gedacht, ist weder Sprachpolizei noch Sprachmystik. Sie ist Kritik: an der Sprache, in der Sprache, durch Sprache. Sie weiß, dass sie selbst spricht – und dass dieses Sprechen nie unschuldig ist. Im Aufmerken auf das, was nicht gesagt wird, im Ernstnehmen des Unbegrifflichen, im Festhalten an der Möglichkeit eines anderen Sagens, liegt ihre Aufgabe.

Nicht das Sagbare begrenzt das Denken – sondern das Denken, das glaubt, sagen zu können, was es meint.

5. Denken am Rande der Sprache

Sprache – das einzige Medium des Denkens, und doch dessen ständiger Widerstand. In Wittgensteins Schweigen, Benjamins Offenbarung, Adornos Verweigerung artikuliert sich eine Einsicht, die über ihre Zeit hinausweist: dass die Sprache dem Denken nicht nur dient, sondern es formt, begrenzt, entgleiten lässt. Was gesagt wird, ist nie das Ganze; was nicht gesagt wird, ist nie bloß Nichts.

Die Philosophie, die sich ihrer Sprache sicher wähnt, verrät sich. Denn sie verwechselt Klarheit mit Wahrheit, Mitteilung mit Bedeutung. Das Denken, das sich ernst nimmt, wird immer an die Sprache zurückverwiesen – nicht als Werkzeug, sondern als Prüfstein. In ihr begegnet es seiner eigenen Fragwürdigkeit, seinem eigenen Abgrund.

Wittgenstein, Benjamin, Adorno – ihre Stimmen sind nicht zu einer zu verschmelzen. Sie bilden keine Synthese, sondern eine Konstellation. Gerade im Unvereinbaren liegt ihr Wert: in der Differenz, in der Spannung, im Dazwischen. Das Denken, das sich hier vollzieht, ist kein System, keine Lehre, sondern ein tastendes, widerständiges, fragendes – ein Denken, das nicht abschließt, sondern öffnet.

Wenn Sprache Grenze ist, dann nicht als Mauer, sondern als Schwelle. Sie fordert Überschreitung – nicht in der Hybris der Totalität, sondern im Bewusstsein der eigenen Ohnmacht. Philosophisches Denken, das sich dieser Bewegung stellt, weiß: Es kann scheitern – und muss gerade deshalb sprechen.

So bleibt die Sprache Ort des Versuchs, Ort des Scheiterns, Ort des Gedankens. Ein Ort, an dem das Denken sich selbst begegnet – als Frage, als Fragment, als Hoffnung. Vielleicht ist dies die letzte Wahrheit, die sich sagen lässt: dass jede Sprache, die das Denken ernst nimmt, eine ist, die an sich selbst zweifelt.

PRISMEN

Die Vernunft, die sich selbst als Leuchtturm begreift, wirft den längsten Schatten auf das, was sie nicht erhellen kann. Im Versuch, das Dunkel zu vertreiben, verdichtet sie es nur – und was als Fortschritt erscheint, ist oft nur die kunstvolle Verschiebung des Unbegreiflichen an den Rand des Sichtbaren. So bleibt Erkenntnis ein Funke im Nebel, und Wahrheit das Echo eines Blitzes, dessen Donner uns erst erreicht, wenn der Himmel schon wieder grau ist.

Die Zeit, die wir Ordnung nennen, ist das feine Gewebe aus Zufällen, das wir rückblickend mit Sinn besticken. Jeder Versuch, das Chaos zu bannen, gebiert neue Masken der Notwendigkeit. So bleibt das Leben ein Mosaik aus Splittern: Schönheit entsteht dort, wo sich die Bruchlinien nicht verbergen, sondern im Licht der Erinnerung schimmern.

Die Sprache, die uns zu verbinden vorgibt, ist oft das zarteste Geflecht der Einsamkeit. In jedem Wort schwingt das Unausgesprochene mit – wie ein Schatten, der dem Licht vorausgeht. Verständigung gelingt nur, wo wir das Scheitern des Ausdrucks anerkennen: Dort, wo das Schweigen zwischen den Sätzen zu sprechen beginnt, wächst die Möglichkeit eines echten Gesprächs.

Das Erinnern ist kein Archiv, sondern ein Spiegelkabinett, in dem die Vergangenheit ihre Gestalt wechselt. Was wir festhalten wollen, entgleitet uns im Moment der Betrachtung; das Bild, das wir uns machen, ist immer schon von Sehnsucht übermalt. So bleibt Geschichte ein Gewebe aus Spiegelungen – und wir, ihre Betrachter, verlieren uns im Spiel der Reflexionen, auf der Suche nach einem Ursprung, der stets im nächsten Spiegel entschwindet.

Das Denken, das sich selbst als Werkzeug der Befreiung rühmt, verstrickt sich unbemerkt in den Maschen der Herrschaft, die es zu zerreißen vorgibt. Je lauter es nach Autonomie ruft, desto feiner webt es das Netz der Abhängigkeiten, in dem es sich selbst gefangen hält. Die Reflexion, die sich ihrer eigenen Bedingungen nicht erinnert, wird zum Schattenriss ihrer Möglichkeiten – und Wahrheit erscheint nur dort, wo das Denken an den Grenzen seiner Macht verstummt.

Die Klarheit, die wir Erkenntnis nennen, ist oft nur die Sedimentation vergangener Irrtümer. Was sich als Einsicht darbietet, ist das Echo einer Ordnung, die wir selbst entworfen haben, um nicht an der Offenheit der Welt zu zerbrechen. So wird Wahrheit nicht gefunden, sondern errichtet – aus dem Material des Zweifels, gestützt von Gewohnheit.

Sprache beginnt dort, wo das Schweigen an eine Grenze stößt. Doch jedes Wort, das diese Grenze überschreitet, trägt schon den Verrat in sich. In der Rede verlieren die Dinge ihre Dunkelheit – und damit ihre Würde. Vielleicht ist die wahre Kommunikation nicht der Austausch, sondern das gemeinsame Aushalten eines Schweigens, das nicht überwunden werden will.

Erinnerung ist kein Rückblick, sondern eine Projektion. Wir sehen die Vergangenheit nicht, wir erfinden sie aus der Perspektive des Mangels. Was wir erinnern, ist weniger das, was war, als das, was hätte sein können – eine Landschaft aus Möglichkeiten, die nie betreten wurden. In diesem Licht wird jede Erinnerung zum Spiegel der Gegenwart.

Das Selbst, das sich seiner bewusst wird, blickt in einen Spiegel, der mehr Fragen stellt als Antworten gibt. Jede Selbstbeobachtung erschafft ein neues Bild – und zerstört zugleich das zuvor gedachte Ich. Autonomie ist eine Fiktion der Reflexion: Je schärfer der Blick auf sich selbst, desto dichter das Netz, das ihn umfängt.

Wirklichkeit ist nicht das, was ist, sondern das, was sich entzieht, sobald wir es benennen. Jeder Begriff ist eine Grenzlinie, gezogen durch das Offene, und jedes Urteil ein Abdruck des Denkens in einem Medium, das sich nicht formen lässt, ohne dass etwas verloren geht. Was wir Wirklichkeit nennen, ist vielleicht nur die Spur unseres Scheiterns, das Ungefasste ganz zu fassen – eine Kartografie des Mangels, gezeichnet mit der Tinte des Verlangens.

Die Wahrheit spricht leise, doch der Wunsch, sie zu besitzen, macht sie laut. Was bleibt, ist ein Echo, das mehr von uns erzählt als von ihr.

PROUST
UND DIE SPRACHE DER ERINNERUNG

I. Schreiben als Erkenntnis

Was ist das Schreiben, wenn nicht die stetige Selbstüberwindung des Gedankens an seiner eigenen Grenze? Es ist ein tastendes Voranschreiten im Medium der Sprache, das sich selbst infrage stellt und im Scheitern eine Form der Wahrheit entdeckt. In den Katakomben von Marcel Prousts *Auf der Suche nach der verlorenen Zeit* entzieht sich das Schreiben dem Diktat der Repräsentation. Es wird zu einem Ort, an dem Erinnerung und Bewusstsein nicht als Gegebenheiten erscheinen, sondern als Produkt einer Bewegung, die im Akt des Schreibens erst zu sich selbst findet. Die Architektur dieses Romans gleicht weniger einer stabilen Kathedrale als vielmehr einer immerwährenden Baustelle, deren Fundamente im Moment ihrer Errichtung ständig neu untergraben werden. Schreiben ist hier nicht bloß das Medium der Mitteilung, sondern die Bühne, auf der das Denken sich ereignet – die Zeit in ihrer Zersplitterung und Unabgeschlossenheit wird sichtbar.

Erinnerung wird weit entfernt davon, Besitz des Subjekts zu sein, im Schreiben selbst hervorgebracht. Sie ist keine Rückholung des Vergangenen, sondern eine eruptive Gegenwart, die im Moment der Reflexion eine Wahrheit stiftet, welche der Chronologie trotzt. In Prousts Prosa ereignet sich das Erinnern als Widerfahrnis – eine unwillkürliche Offenbarung, deren Wahrheit sich der willentlichen Rekonstruktion entzieht. Die Sprache, in ihrem mimetischen Unvermögen, wird zum Austragungsort der Differenz zwischen dem Sagbaren und dem Gemeinten, zwischen dem Erinnerbaren und dem Erinnerten.

Das Schreiben bei Proust ist, im Sinne Adornos, dialektische Bewegung. Es verweigert sich dem Abschluss und bleibt Prozess – Annäherung, Negation des Gegebenen. Wahrheit, so Adorno, ist nicht das Produkt, sondern das Moment im Prozess. Sie erscheint im Scheitern des Begriffs, in jenem Verstummen, das am Ende der äußersten Anstrengung des Gedankens steht. Die negative Dialektik, die Adorno entfaltet, sucht nicht das Abbild, sondern das Nichtidentische, das Unaufhebbare, das sich dem Begriff entzieht und in dieser Entziehung seinen Wahrheitsanspruch erhebt.

Auch Benjamin erkennt im Schreiben nicht die bloße Reproduktion der Welt, sondern die Montage disparater Splitter. Ihre Konstellation stiftet einen Moment der Erkennbarkeit – ein Jetzt, in dem Vergangenheit und Gegenwart in einem Funken zusammentreffen. Die Erinnerung wird bei Proust nicht als lineare Erzählung, sondern als blitzartige Konstellation begriffen. Sie wird zum „Jetzt der Erkennbarkeit", in dem sich Zeit nicht nur als vergehender Prozess, sondern als sich entbirgende Struktur offenbart.

In diesem Spannungsfeld zwischen Proust, Adorno und Benjamin begreift sich die vorliegende Untersuchung als Versuch, das Schreiben als Erkenntnis zu denken. Es geht nicht um die Reproduktion von Wissen, sondern um die Infragestellung seiner Bedingungen. Das Schreiben wird hier als Bewegung gefasst, in der Erinnerung und Denken erst hervortreten. Das Subjekt ist nicht der Ursprung, sondern das Resultat eines Prozesses, der sich im Medium der Sprache vollzieht. Das „Ich", das hier spricht, ist kein Gegebenes, sondern ein Produkt der dialektischen Bewegung von Schreiben und Erinnern – ein Subjekt, das im Scheitern seiner Selbstgewissheit seine Wahrheit findet.

II. Die Sprache der Erinnerung

Erinnerung bei Proust ist nicht das Produkt eines souveränen Willens, nicht die triumphale Wiedergewinnung des Vergangenen durch das Subjekt, sondern ein widerständiges Ereignis, das sich jeder willentlichen Kontrolle entzieht und im Medium des Schreibens erst Form gewinnt. Die berühmte Madeleine-Szene ist daher nicht bloß ein literarisches Motiv, sondern die Chiffre einer Erfahrung, in der das Vergangene nicht als Besitz, sondern als Schock, als eruptives Moment in die Gegenwart einbricht. Der Geschmack des in Tee getauchten

Gebäcks – selbst ein Epiphänomen des Alltäglichen – reißt den Erzähler aus der Linearität der Zeit und exponiert ihn der Unverfügbarkeit des Erinnerns, das sich nicht erzwingen lässt, sondern als unwillkürliche, fast gewaltsame Offenbarung erscheint.

Das Erinnern, so entlarvt Proust, ist kein Rückgriff auf das bereits Gewusste, sondern die Erfahrung des Nichtidentischen: Das Vergangene bleibt dem Subjekt als Anderes gegenüber und lässt sich nicht restlos in den Begriff bannen. Es verweist auf die Differenz zwischen Sache und Begriff, auf das, was im Medium der Sprache nur als Spur, als Fragment, als Riss aufscheint. Die Madeleine wird so zum Symbol des Widerstands gegen die Identität des Gedankens, gegen das totalitäre Moment des Erinnerns als Besitzergreifung.

Im Schreiben sucht Proust nicht die Rekonstruktion einer kohärenten Vergangenheit, sondern die Rettung des Vergänglichen im Detail, im scheinbar Nebensächlichen, das sich der Totalität verweigert. Hier schließt sich Adornos Begriff der „Retterin des Vergänglichen" an: Kunst – und in Prousts Fall das Schreiben – bewahrt das Flüchtige nicht durch Synthese, sondern durch die Bewahrung des Fragments, durch das Aushalten der Unvollständigkeit. Das Schreiben wird zur Negation der Identität, zur Artikulation des Unversöhnten zwischen Subjekt und Objekt, zwischen Erinnerung und Gegenwart.

Die Sprache der Erinnerung bei Proust ist daher keine Sprache der Versöhnung, sondern der Differenz. Sie insistiert auf dem Auseinanderfallen von Begriff und Sache, auf der Unmöglichkeit, das Vergangene restlos zu erfassen. In der Fragmentierung, im Detail, im Augenblick des Erinnerns blitzt eine Wahrheit auf, die sich jeder Totalisierung entzieht – eine Wahrheit, die nur im Prozess, im Scheitern, im immer wieder neuen Versuch des Schreibens aufscheint.

Walter Benjamins Begriff des „Jetzt der Erkennbarkeit" radikalisiert diesen Gedanken: Die Vergangenheit ist nicht als Kontinuum zu begreifen, sondern als Konstellation, als Blitz, der das Jetzt durchzuckt und im Moment der Erkenntnis eine Wahrheit stiftet, die sich dem linearen Verlauf der Zeit widersetzt. In Prousts Werk erscheinen diese „Blitze" der Erinnerung als Momente der Erschütterung, in denen das Vergangene als Gegenwart aufscheint – nicht als Besitz, sondern als Aufgabe, als Herausforderung an das Denken und Schreiben selbst.

So wird das Schreiben bei Proust zum Ort der negativen Dialektik: Es hält die Spannung zwischen Erinnerung und Gegenwart, zwischen

Fragment und Totalität, zwischen Subjekt und Objekt offen, ohne sie aufzulösen. Die Sprache der Erinnerung ist die Sprache des Unversöhnten, des Nichtidentischen, des Fragments – und in dieser Negativität liegt ihr Erkenntnispotential.

III. Schreiben als Formgebung des Denkens

Das Schreiben bei Proust ist nicht das nachträgliche Ornament eines bereits abgeschlossenen Gedankens, sondern das Medium, in dem Denken sich erst konstituiert – ein Ort, an dem das Bewusstsein sich suchend, zögernd, immer wieder an sich selbst scheitert und gerade in dieser Negativität seine Wahrheit findet. Es ist nicht bloß ein Instrument der Mitteilung, sondern die Bedingung der Möglichkeit von Erkenntnis selbst: Schreiben wird zum Laboratorium des Geistes, in dem das Unabgeschlossene, das Fragmentarische, das sich dem Begriff Entziehende zum eigentlichen Material des Denkens wird.

Prousts Verfahren – das Wiederholen, Variieren, das mikroskopische Durchdringen der Motive – ist kein Manierismus, sondern die einzig angemessene Form, dem Reichtum des Wirklichen gerecht zu werden, seiner Vielschichtigkeit und Flüchtigkeit. „Prousts Stil ist ein Präzisionsinstrument der Erkenntnis", bemerkt Adorno – ein Instrument, das die kaum wahrnehmbaren Schattierungen des Seins freilegt, wie ein Mikroskop, das im scheinbar Homogenen das Ungeahnte sichtbar macht. Die Bewegung des Schreibens ist dabei nie linear, nie zielgerichtet auf ein Ergebnis, sondern entfaltet sich im Mäandern, im Umkreisen, im immer wieder neuen Ansetzen. Das Denken bei Proust ist ein unablässiges Sich-Wiederholen, das nicht zur Identität gelangt, sondern im Fragmentarischen, im Unabgeschlossenen seine Wahrheit behauptet.

Adornos Kritik an der instrumentellen Vernunft, an der Vernichtung des Besonderen im Allgemeinen, findet in Prousts Schreibweise ihr literarisches Pendant: Das Schreiben opponiert gegen den Zwang zur Identität. Es insistiert auf dem Unverwechselbaren, dem Inkommensurablen, das sich jeder Abstraktion widersetzt. Sprache ist hier nicht die sichere Straße zur Wahrheit, sondern ihr zerschlagener, fragmentarischer Ausdruck; sie wird zum Medium, in dem das Nichtidentische, das Unaufhebbare, das dem Begriff Entgleitende bewahrt bleibt.

Benjamin radikalisiert diesen Gedanken, indem er im Verfahren der Montage das Sammeln und Arrangieren disparater Fragmente als eine Möglichkeit der Erkenntnis begreift: Nicht im Schließen der Lücken, sondern im Offenhalten, im Nebeneinander der Bruchstücke, im Funkenflug der Konstellation blitzt Wahrheit auf. Prousts Schreiben ist Montage – ein Komponieren von Erinnerungsfragmenten, Wahrnehmungen, Eindrücken, die sich erst im Akt des Schreibens, im Prozess der Anordnung, zu einer Konstellation fügen, in der Erkenntnis als Moment, als Blitz, als „Jetzt der Erkennbarkeit" aufscheint.

So verweigert Proust dem Denken die Ruhe des abgeschlossenen Begriffs. Wahrheit entsteht, wie Adorno es formuliert, im Prozess, nicht im Resultat. Das Schreiben ist das Feld, auf dem das Denken sich selbst immer wieder entzieht, sich neu entwirft, im Zweifel, in der Variation, im Widerstand gegen das Identische. Die Form des Essays, die Adorno als heimliches Ideal der Erkenntnis begreift, ist bei Proust zur literarischen Praxis geworden: ein Denken, das sich nicht im System vollendet, sondern in der Bewegung, im Fragment, im offenen Prozess.

IV. Das Fragmentarische und das Ganze

„Das Ganze ist das Unwahre" – diese Erkenntnis Adornos durchzieht Prousts Roman wie ein unterirdischer Strom, der die Struktur des Werkes formt. In „Auf der Suche nach der verlorenen Zeit" erscheint der Text nicht als geschlossene Einheit, sondern als Mosaik, dessen Fragmente in ihrer Disparatheit und Vereinzelung die Wahrheit des Ganzen gerade erst ermöglichen. Das Ganze ist hier nicht das Ziel, sondern das, was im Prozess des Fragmentierens, im Akt der Anordnung, in den Pausen und Lücken des Erlebens aufscheint. Die Fragmentierung der Erinnerung, das Zerfallen des Erlebten in unzählige, scheinbar isolierte Partikel, ist bei Proust keine Mangelhaftigkeit, sondern die Bedingung der Möglichkeit von Erkenntnis. Der Roman entwirft kein lineares Kontinuum, sondern eine Konstellation, in der sich die Fragmente – Erinnerungen, Sinneseindrücke, Reflexionen – wie Sterne in einem Sternbild zu einer Struktur zusammenfügen, die erst im Rückblick, im Akt des Lesens und Schreibens, als Gestalt hervortritt.

Proust verweigert sich der Linearität, der trügerischen Geschlossenheit der traditionellen Erzählung. Das Werk ist Montage, Sammlung, ein fortwährendes Ordnen und Neuordnen von Fragmenten, in dem das Fragmentarische nicht als Defizit, sondern als Prinzip der Vielschichtigkeit und Offenheit erscheint. Diese Fragmentierung ist keine Form der Unvollständigkeit, sondern vielmehr der Ausdruck einer komplexen Welt, die sich jeder Simplifizierung entzieht. In dieser Bewegung des Zersplitterns und der Neukombination wird die Zeit nicht als unaufhaltsam fortschreitende Linie präsentiert, sondern als ein Mosaik von Momenten, die ihre Bedeutung erst durch die Rekonstruktion im Moment des Schreibens und des Lesens gewinnen. Die Zerlegung des Erlebens, das Auseinanderfallen der Zeit, wird zur Methode, das Unwiederholbare und Einzigartige des Moments zu bewahren. Jedes Fragment, in seiner isolierten Existenz, widersteht der Totalisierung und bleibt damit ein Widerstand gegen das Monolithische, gegen das falsche Ganze, das nur durch die Auslöschung des Besonderen zu sich selbst käme.

Adornos eigene Philosophie, seine Aphorismen, seine konsequente Negation des Systems, spiegeln sich in dieser Poetik wider. Die Wahrheit ist nicht das Ergebnis eines abgeschlossenen Prozesses, sondern entsteht im Prozess selbst. Das Fragmentarische ist nicht das Vorläufige, sondern die Form, in der sich das Nichtidentische, das Unversöhnte artikuliert. In der Negativen Dialektik wird das Fragment zum Ort, an dem das Denken sich gegen die Versöhnung mit dem Gegebenen sperrt, an dem das Einzelne gegen das Allgemeine, das Besondere gegen das Universelle behauptet wird. Die Fragmentierung wird so zur dialektischen Bewegung: nicht zur Auflösung des Widerspruchs, sondern zu seiner immer wieder neuen Artikulation.

Benjamin radikalisiert das Fragmentarische als Methode der Erkenntnis. Für ihn ist die Sammlung und Montage disparater Eindrücke, das Nebeneinanderstellen von Fragmenten ohne den Zwang einer synthetischen Vereinigung, der Weg, das Verborgene ans Licht zu bringen. In seiner Theorie der Montage, die das Auseinanderfallen der Elemente nicht als Mangel, sondern als Voraussetzung der Erkenntnis begreift, findet sich die literarische Entsprechung in Prousts Schreiben. Prousts Roman ist eine solche Sammlung – kein abgeschlossener Kosmos, sondern ein Archiv der Erinnerung, in dem die Fragmente im Moment des Schreibens, im Prozess der Anordnung und der Rekombination, neue Bedeutungen gewinnen. Das Fragmentarische ist hier nicht das Zeichen des Mangels, sondern die einzig angemessene Form, die Vielschichtigkeit der Erfahrung, ihre Unabschließbarkeit und ihren Widerstand gegen das Identische zu fassen. In dieser Fragmentierung wird das, was als Teil der

Erinnerung gilt, immer wieder neu verortet, immer wieder neu artikuliert und ist niemals einfach abgeschlossen.

So bleibt das Ganze bei Proust immer ein nachträglicher Effekt, ein Bild, das sich erst im Rückblick, im Durchgang durch das Fragmentarische, in der Rekombination der Bruchstücke, einstellt. Die Wahrheit des Romans liegt nicht in der Synthese, sondern im Aushalten der Differenz, im Offenhalten des Fragments, im Widerstand gegen die Versöhnung. Erkenntnis ist hier nicht Besitz, sondern Bewegung – und das Fragment wird zur wahren Gestalt dieser Bewegung. Im Verschieben und Neuordnen der Fragmente tritt das Denken hervor, nicht als ein statisches Erkennen, sondern als ein ständiger Prozess der Wiederholung, des Variierens und des Neuzusammensetzens. Erkenntnis in diesem Kontext ist keine endgültige Wahrheit, sondern eine Wahrheit im Werden, die sich stets der völligen Identifikation entzieht.

In diesem Duktus steht Prousts Werk als Modell für das Denken, das sich selbst nicht als abgeschlossenes System, sondern als offener Prozess begreift. Das Fragment ist nicht die Verweigerung eines Ganzen, sondern die Art und Weise, wie das Ganze als immerwährender Prozess, als sich fortwährend rekonstituierendes Etwas begreifbar wird.

V. Schreiben, Zeit und Subjektivität

Das Subjekt bei Proust ist kein monolithisches Zentrum, keine festgefügte Instanz, sondern ein Geflecht von Spuren, ein Werden, das sich im Medium der Zeit und des Schreibens immer wieder neu entwirft und verflüchtigt. Die Erinnerung, die bei Proust niemals identisch mit sich selbst ist, sondern als Differenz, als Riss, als Bruchstelle im scheinbar kontinuierlichen Fluss des Ichs erscheint, wird im Schreiben nicht aufgehoben, sondern produktiv gemacht. Das Ich ist hier nicht der ruhende Pol eines abgeschlossenen Subjekts, sondern das Resultat eines unabschließbaren Prozesses, in dem die Zeit nicht bloß als äußeres Maß, sondern als inneres Prinzip der Subjektivität erscheint. In diesem Sinne wird das Ich nicht als gegebene Einheit verstanden, sondern als eine stets auf der Kippe befindliche Formation, deren Identität sich der Fixierung verweigert und nur im stetigen Fluss der Erinnerung, im ständigen Rückgriff auf die Vergangenheit, in der Reflexion, der Wiederholung und Variation immer wieder neu konstituiert wird.

Prousts Ich ist ein provisorisches, ein tastendes, sich ständig entzogener Mittelpunkt, der sich nur in der Bewegung, im Werden, im immerwährenden Aufschub des Endgültigen behauptet. Die Zeit, die in Prousts Werk niemals linear, sondern als Chiffre für die Vielschichtigkeit des Erlebens erscheint, wird so zum Element, in dem Subjektivität nicht als fixe Substanz, sondern als dynamischer Prozess artikuliert wird. In dieser Bewegung ist die Zeit keine bloße, äussere Kette von Augenblicken, die ein unveränderliches Subjekt durchläuft; sie wird selbst zum Medium, das das Ich hervortreibt, in dem es sich immer wieder neu entwirft und im Fragmentarischen seine Gestalt annimmt.

Adorno erkennt im Subjekt keinen abgeschlossenen Besitz, sondern eine offene Wunde, eine Bewegung des Werdens, die sich gegen die Verdinglichung und das Erstarren im Begriff zur Wehr setzt. „Subjektivität ist Prozess, nicht Substanz" – im Sinne dieser Negativen Dialektik verweigert sich das Ich bei Proust dem Anspruch auf Identität. Es bleibt ein Produkt der Differenz, der Montage, der nie vollendeten Sammlung von Erinnerungen. Es ist kein Ursprung, sondern ein Resultat, kein Selbst, sondern eine Konstellation, die sich unablässig im Zerrspiegel der Zeit manifestiert, dabei aber nie zur Einheit zurückfindet.

Die Subjektivität bei Proust ist daher keineswegs eine statische, souveräne Entität, sondern eine Bewegung, die den Widerstand gegen die fixierende Vereinheitlichung in sich trägt. Es ist ein Ich, das weder seiner Herkunft noch seiner Bestimmung fest verhaftet bleibt, sondern sich ständig im Spannungsfeld zwischen Vergangenheit und Gegenwart, Erinnerung und Erfahrung neu entfaltet. Hier geht es nicht um ein abgerundetes Subjekt, das sich als in sich geschlossene Einheit begreift, sondern um eine bewegliche Formation, die im ständigen Akt des Erinnerns und Schreibens immer wieder ihre Gestalt annimmt, nur um sie im nächsten Moment wieder zu verlieren. Diese immerwährende Umformung des Ichs im Text stellt sich nicht als Defizit dar, sondern als das unerschöpfliche Potential der Subjektivität, die sich durch ihre eigene Fragmentierung, durch ihre permanenten Brüche und Ungenauigkeiten, immer wieder neu entdeckt.

Auch Benjamin begreift das biographische Ich als Montage, als Sammlung von Fragmenten, deren Zusammensetzung im Schreiben immer wieder neue Bedeutungen hervorbringt. Die Erinnerung bei Proust ist nicht das souveräne Rückholen des Vergangenen, sondern das kunstvolle Zusammenfügen von losen Eindrücken, unvollständigen Erinnerungen und fragmentarischen Wahrnehmungen. In dieser Form von Erinnerung ist das Ich nie ein fertiges, kohärentes Gebilde, sondern ein sich ständig entziehendes Konstrukt, das nur im Prozess des Erinnerns, des Schreibens und des Reflektierens seine Identität entfaltet – und sie im nächsten Moment wieder verliert. Die Subjektivität wird hier zur Montage, zur Sammlung, zum Offenhalten des Fragments gegen die Versuchung der endgültigen Synthese, der harmonischen Einheit. Das Ich bleibt im Fluss, im Prozess, in der ständigen Bewegung von Aufschub und Wiederholung.

VI. Die Unabgeschlossenheit des Denkens

So wird das Schreiben bei Proust zum eigentlichen Ort der Subjektivität. Es ist nicht das Ich, das sich erinnert, sondern das Ich, das im Akt des Erinnerns und Schreibens erst entsteht. In dieser Perspektive ist das Ich bei Proust nicht ein vorgegebener, fixierter Punkt der Selbstwahrnehmung, sondern eine offene Form, die sich im Zusammenspiel von Vergangenheit und Gegenwart, von Erinnerung und Reflexion, von Erfahrung und Interpretation immer wieder neu entwirft. Die Wahrheit des Subjekts liegt nicht in seiner Geschlossenheit, nicht in der Behauptung von Identität, sondern in seiner Offenheit, in seiner Bewegung, im Aushalten seiner eigenen Fragmentierung und Widersprüche. Das Schreiben, die Zeit und das Ich sind bei Proust untrennbar miteinander verwoben – sie sind die Elemente eines Prozesses, der im Fragmentarischen, im Unabgeschlossenen, im immer wieder neuen Ansetzen und Wiederholen seine Wahrheit findet.

In diesem permanenten Vorgang der Rekonstruktion und Dekonstruktion des Ichs, in der Dialektik von Erinnerung und Vergessen, von Reflexion und Erfahrung, wird das Subjekt zur unwiederbringlichen, aber niemals abgeschlossenen Konfiguration von Fragmenten. Erkenntnis entsteht hier nicht als abgeschlossenes Resultat, sondern als ein Prozess, der sich ständig im Schreiben erneuert und immer wieder von neuem durch das Fragment hindurch sichtbar wird. Prousts Werk stellt die Subjektivität als eine niemals vollendete, stets von sich selbst sich entziehende Konstruktion dar, die im Text und durch den Text hindurch immer wieder neu entsteht, sich unaufhörlich selbst hinterfragt und sich aus der ewigen Differenz und Fragmentierung ihre Wahrheit zieht.

Der Akt des Schreibens, so lehrt uns Proust, ist nicht das Medium, in dem das Vergangene zur Ruhe kommt und sich in ein wohlgeordnetes System fügt, sondern der Ort, an dem Erinnerung und Zeit – in ihrer Flüchtigkeit und ihren Widersprüchen – erst zu einer erlebbaren, wahrhaftigen Erfahrung werden. Die berühmte Madeleine, die als unscheinbares Detail das ganze Konstrukt der Erinnerung in Schwingung versetzt, wird zum Sinnbild jener Erkenntnis, die sich der rationalen Vernunft entzieht und nur im Augenblick des Glücks, der nicht wiederholbaren Intensität, als flimmernder Blitz aufleuchtet – und zugleich wieder entschwindet.

So wie Adorno das Denken als ein Spiel von Fragmenten versteht, die sich niemals zu einem geschlossenen System fügen, sondern in immer neuen Konstellationen Bedeutungen hervorbringen, so stellt auch Prousts Schreiben ein Experiment mit dem Unabgeschlossenen dar. Die Wahrheit, die sich im Prozess des Schreibens offenbart und niemals als endgültiges Resultat erscheint, bleibt untrennbar verbunden mit dem Partikulären, dem Widerständigen, jenem Element, das sich jeder Abstraktion verweigert. Das Ich, das im Schreibprozess entsteht, ist keine Substanz, sondern eine Konfiguration: ein Werden im Medium der Zeit, das sich im ständigen Wechselspiel von Erinnern und Vergessen, von Zergliedern und Neuordnen immer wieder neu entwirft und seine Gestalt fortwährend verändert.

Benjamin hat mit Recht erkannt, dass die Aufgabe der Literatur darin besteht, „die Verhältnisse von gestern in der heutigen Sprache zu begreifen" – ein Anspruch, der nur im Fragmentarischen, in der Montage und im Offenhalten des Sinns eingelöst werden kann. Das Proust'sche Schreiben ist keine Apotheose der Erinnerung, sondern ihr kontinuierliches Scheitern an einer finalen Vollständigkeit. Es ist das Glück des flüchtigen Moments des Gelingens, der sich nicht festhalten lässt und sich gerade durch seine Unfassbarkeit und Unwiederholbarkeit auszeichnet. Die Vergangenheit, so wird sie bei Proust, ist kein Besitz, sondern eine Aufgabe. Sie verlangt nach einer Form, die ihre Unabschließbarkeit in sich trägt und ihr gerecht wird – ohne sie zu fixieren, ohne sie in ein fertiges Bild zu pressen.

Im Ausblick auf diese Perspektive bleibt das Fragmentarische als ständige Herausforderung bestehen. In einer Welt, die nach schnellen Antworten und geschlossenen Systemen verlangt, erhebt sich Prousts Kunst des Zögerns, des Wiederholens, des immer wieder neuen Ansatzes als Widerstand gegen das Vergessen des Besonderen und

Unwiederholbaren. Das Schreiben, das sich nicht im endgültigen Ganzen vollendet, sondern sich im Fragment, im Detail und im Prozess entfaltet, wird zum Modell einer Erkenntnis, die sich dem Absoluten verweigert – und gerade in diesem Widerstand ihre wahre Form und Bedeutung findet.

Die Eule der Minerva, die bei Adorno erst mit der Dämmerung ihren Flug aufnimmt, täte gut daran, sich an der Madeleine zu stärken, um in den Fragmenten das Ganze zu erahnen – ein Ganzes, das sich niemals vollständig zeigt, sondern im Fragment stets nur einen flimmernden, unvollständigen und doch gerade deshalb wahrhaften Anschein erlangt. So wie das Fragment im Prozess seiner Bildung immer wieder den Zugriff auf das Ganze verweigert, so bleibt auch das Subjekt bei Proust immer nur ein unabschließbares Werden, das niemals als ein abgeschlossenes „Ich" begreift, sondern sich im Spiegel der Erinnerung immer wieder neu entfaltet, um sich im nächsten Moment wieder zu verlieren. Es ist die Unvollständigkeit, das Fragmentarische selbst, das in seiner schillernden Differenz die Wahrheit der Erfahrung und der Erinnerung bewahrt und im Akt des Schreibens aufscheinen lässt.

DENKEN UND SCHREIBEN

Hingegen wird der Schreibende im selben Moment wie sein Text geboren.
Er hat überhaupt keine Existenz, die seinem Schreiben voranginge oder es
überstiege; er ist in keiner Hinsicht das Subjekt, dessen Prädikat sein Buch
wäre. Es gibt nur die Zeit der Äußerung, und jeder Text ist
immer hier und jetzt geschrieben. (R. Barthes)

Roland Barthes

Das Schreiben bei Barthes ist kein bloßes Vehikel des Gedachten, kein nachträgliches Ornament des Geistes. Vielmehr ist es der Ort, an dem sich das Subjekt verliert, an dem das „Ich" zerfällt – *écriture* nicht als bloßer Ausdruck, sondern als Spur, als Bewegung, die das Subjekt zugleich erzeugt und entzieht. In dieser Bewegung des Denkens, die das Schreiben ist, wird die Sprache selbst zum Schauplatz des Begehrens: nicht zu wissen, wohin der Satz führt, nicht zu wissen, was gesagt werden wird – dieses *vouloir-écrire* ist ein Lustprinzip, ein Risiko, ein Spiel mit der Form.

Der Text – im Barthes'schen Sinn – ist niemals abgeschlossen. Er ist kein Objekt, das man besitzen, interpretieren oder konsumieren kann. Er ist ein Gewebe (*tissu*), eine Textur aus Zitaten, Stimmen, Spuren, die einander durchdringen und unterlaufen. Denken im Schreiben heißt, sich diesem Gewebe auszusetzen, ohne es zu glätten. Es heißt, Differenz zu erzeugen, nicht Bedeutung zu stabilisieren.

Hier entsteht das Denken nicht als Antwort, sondern als Geste: eine tastende, suchende Bewegung, die in der Materialität der Sprache aufgeht. Das Schreiben wird zum Ort der *différance*, im Derridaschen Sinne: eine Verschiebung, eine Aufschiebung, eine Öffnung ins Unbestimmte.

So bleibt der Text Barthes' ein Ort der Unruhe. Kein System, sondern ein Rhythmus. Kein Diskurs, sondern eine Stimme – oder genauer: viele Stimmen, deren Chor sich dem Ursprung verweigert. Er schreibt, um nicht festzulegen; er denkt, um nicht zu beschließen. In dieser radikalen Offenheit wird das Schreiben selbst zur Ethik – einer Ethik der Vielstimmigkeit, der Verschiebung, des Nicht-Sagens, das dennoch spricht.

Der Autor und der Text

Der „Tod des Autors" bei Barthes ist nicht der Tod des Schreibens, nicht der Tod der Stimme, sondern der Tod der Autorität, der zentralen Instanz, die den Text von außen kontrolliert und ihm eine endgültige Bedeutung zuweist. Es ist der Tod desjenigen, der den Text als Besitz betrachtet, als eine geschlossene Entität, die sich nach seinen eigenen Vorstellungen entfaltet. In dieser Vorstellung des „Todes" geht es nicht darum, den Autor zu verleugnen, sondern den Mythos des Autors zu zerstören – als desjenigen, der die unantastbare Quelle der Bedeutung ist.

Der Text, wie Barthes ihn versteht, wird nicht mehr von einem subjektiven Zentrum, von einem „Ich" oder einer „Intention", zusammengehalten. Er ist nicht der Reflex der inneren Gedanken des Autors, sondern ein Netzwerk von Spuren, eine Matrix von Bedeutungen, die sich im Dialog mit anderen Zeichen, anderen Texten und der Interpretation des Lesers unaufhörlich neu zusammensetzen. In diesem Raum des Textes entfaltet sich eine Interaktion, eine Kommunikation ohne feste Quelle, ohne fixierte Zielrichtung – und in dieser Kommunikation wird Bedeutung immer wieder herausgefordert, verschoben, umformuliert.

Was bleibt, ist nicht der Autor, sondern das Schreiben als eine Praxis, eine offene Geste, die sich im Augenblick des Lesens und Schreibens immer wieder neu erfindet. Der Text, verstanden als Raum und nicht als Objekt, ist nie vollständig, nie abschließend. Er ist ein Gewebe, ein unaufhörlicher Prozess, der sich fortwährend bearbeitet. Und im Moment des Lesens wird der Text, so Barthes, nicht bloß „verstanden" oder „interpretiert" – er wird neu erschaffen, da der Leser seine eigenen Spuren in den Text legt, seine eigene Leseerfahrung, seine eigenen Fragen und Zweifel in das Gewebe einwebt.

Die Bedeutung ist in diesem Kontext nicht etwas, das vorher festgelegt wurde, das vom Autor determiniert wurde und nun passiv abgerufen werden kann, sondern etwas, das sich im Zusammenspiel von Text, Leser und Kontexten ständig neu verhandelt. Jeder Akt des Lesens ist ein kreativer Akt, der den Text transzendiert, ihn aufruft, aber auch transformiert. Das „Lesen" wird zu einer Fortführung des Schreibens – ein endloser Prozess der Rekombination, der Ungewissheit, der Veränderung.

So wird der Text selbst zum Ort der Differenz: keine feste, unveränderliche Bedeutung, sondern ein ständiges Spiel von Zeichen, in dem der Autor, der Leser, die Sprache und der Kontext nie vollständig fixiert sind, sondern sich in einem dynamischen, offenen Prozess entfalten. Der Tod des Autors bedeutet daher nicht das Verschwinden des Textes, sondern das Verschwinden der Illusion einer festen, unumstößlichen Bedeutung, die vom Autor als „ursprünglicher Instanz" vorgegeben wurde. Der Text lebt, indem er sich immer wieder selbst überarbeitet, indem er nie in einem Endzustand verharrt, sondern im Akt des Lesens und Schreibens unaufhörlich neu entstehend bleibt.

Schreibweise als Bedingung und Prozess

Schreibweise (*écriture*) ist bei Barthes nicht bloß eine Technik oder eine stilistische Wahl, sondern eine Bedingung, eine Struktur, die das Schreiben selbst erst ermöglicht. Sie ist nicht das Resultat individueller Vorlieben oder bloßer Ästhetik, sondern ein historisches, gesellschaftliches und ideologisches Feld, das sowohl den Autor als auch den Leser in seinen Bann zieht. Diese Schreibweise – weit über den persönlichen Stil hinaus – entzieht sich der Vorstellung, dass Schreiben ein freies Spiel von Formen oder eine persönliche Ausdruckskraft sei. Vielmehr ist sie das Produkt eines komplexen Dialogs zwischen der Handlungsfähigkeit des Autors und den gesellschaftlichen, kulturellen sowie linguistischen Normen, die das Schreiben strukturieren.

Schreiben bei Barthes bedeutet, auf eine „bestimmte Weise die Welt (das Buch) zu zerspalten und wieder zusammensetzen". Es ist ein aktiver, performativer Akt, ein *déplacement* der Welt und ihrer Ordnung. Der Text wird nicht als Spiegel des Denkens verstanden, sondern als ein Ort, an dem Denken überhaupt erst möglich wird – ein Experiment, das im Moment des Schreibens durch die Sprache hindurchgeht. Die Welt wird nicht einfach abgebildet, sondern in eine neue Form überführt, die ihre eigene Dynamik und Spannung besitzt.

Es ist weniger eine lineare Umsetzung von Absichten oder Ideen als vielmehr ein Vorgang der Entdeckung und Erfindung. Der Schreibprozess wird zu einem Experiment, einem *essai* im wahren Sinne des Wortes, bei dem das Schreiben nicht die vorhersehbare Umsetzung eines Gedankens ist, sondern der Raum, in dem sich der Gedanke überhaupt erst bildet. Barthes sieht das Schreiben nicht als Mechanismus der Darstellung, sondern als Technik der Herstellung – der Konstruktion von Bedeutung.

Die Sprache – in ihrer Funktion als Träger von Bedeutung – gibt dem Schreibprozess vor, welche Formen und Strukturen überhaupt zur Verfügung stehen. Sie ist jedoch auch ein Rahmen, der den kreativen Prozess gleichzeitig ermöglicht und einschränkt. Die Sprache selbst ist eine Bedingung des Schreibens, sie setzt die Parameter, innerhalb derer das Denken in Erscheinung treten kann. Das Denken wird im Schreiben geformt, nicht davor, nicht danach. Es entsteht nicht als abstrakte Idee, die dann in Sprache übersetzt wird, sondern im aktiven Akt des Schreibens, in der Interaktion zwischen dem, was gesagt wird, und dem, was noch nicht gesagt wurde.

Dieser Prozess ist nicht bloß die Realisierung vorgefertigter Absichten oder Ideen, sondern ein fortlaufender Versuch, zu bestimmen, was überhaupt gesagt werden kann und soll. Schreiben wird zu einem Raum der Unsicherheit, einer sich selbst hinterfragenden Entfaltung, in dem Bedeutung immer wieder neu ausgehandelt wird. Die Schreibweise als gesellschaftliche und historische Bedingung bestimmt, was innerhalb der Sprachkonventionen möglich ist, aber sie ermutigt auch zu einer ständigen Subversion dieser Konventionen – zu einem Spiel mit den Grenzen dessen, was geschrieben werden kann.

Es ist also nicht der Autor, der die Sprache beherrscht, sondern die Sprache, die das Denken und Schreiben formt. Schreiben wird zu einer Praxis der Reorganisation, einer ständigen Neukombination und Rekonstruktion der Welt, die durch die historische und gesellschaftliche Dimension der Sprache geprägt wird, aber niemals vollständig von ihr determiniert.

Der schreibbare Text

Der „schreibbare" Text bei Barthes verweigert sich der finalen Fixierung, der endgültigen Bedeutung. Er ist nicht das Ziel einer festen, linearen Botschaft, sondern ein offenes, sich ständig wandelndes Gewebe von Zeichen, das seine Bedeutung im Spiel der Differenzen erzeugt. Hier wird der Text nicht als Produkt verstanden, das einfach konsumiert werden kann, sondern als ein Prozess, eine *série de mouvements* (Serie von Bewegungen), die niemals abgeschlossen, niemals „zu Ende gelesen" sind. Der schreibbare Text ist ein Raum der Interaktion, ein offenes Universum, in dem Bedeutung immer wieder neu aus den verschlungenen Fäden der Sprache, der Kontexte und der Interpretationen gebildet wird.

Barthes spricht von der „Galaxie von Signifikanten", in der sich der Text entfaltet und gleichzeitig dezentriert. Er ist keine starre Struktur, die mit einer festen Bedeutung aufgeladen ist, sondern eine lebendige Fläche von Zeichen, die in der Spannung zwischen ihnen Bedeutung generieren. Die Leserin oder der Leser wird hier nicht mehr zum passiven Empfänger einer vorgegebenen Wahrheit, sondern zum aktiven Mitgestalter der Bedeutung. Der Text fordert zur (Mit-)Schöpfung auf: *La lecture est écriture* – das Lesen ist Schreiben. Indem der Leser in den Text eintaucht, wird er selbst Teil des Schreibprozesses – nicht nur als Interpret, sondern als Mit-Schreiber eines sich ständig verändernden, sich selbst bearbeitenden Textgewebes.

Es ist ein Prozess, der niemals stillsteht: Jeder Akt des Lesens ist ein aktiver Eingriff, ein Wiederaufbauen des Textes, der sich aus den Strukturen der Sprache und der Intertextualität speist. *Rélecture* (Wiederlesung) bedeutet nicht das bloße Wiederholen von Bedeutungen, die einmal festgelegt wurden. Vielmehr ist es ein ständiges Durcharbeiten, ein immer wieder neu entstehendes Spiel der Bedeutungsproduktion. Bei jedem neuen Lesen verändert sich der Text, nicht weil der Leser eine „geheime Wahrheit" aus dem Text hervorholt, sondern weil der Text, durch die endlosen Bezüge zu anderen Texten, zu anderen Lesarten, zu unterschiedlichen Kontexten, sich ständig selbst transformiert. Der Text bleibt in einem Zustand des Werdens, des Fließens, des ständigen Verhandelns.

Barthes' „Text als Gewebe" ist nicht einfach ein fertiges Produkt, das darauf wartet, enttarnt oder entschlüsselt zu werden. Vielmehr wird das Gewebe des Textes als ein generativer Prozess beschrieben, der niemals stillsteht, der ständig flechtet, sich neu erfindet und von der Lektüre als kreativer Handlung immer wieder bearbeitet wird. *Le texte est une production*, eine Produktivität, die sich immer wieder selbst hervorbringt, indem es in den immer neuen Kombinationen seiner Zeichen neue Bedeutungen erzeugt. Der Text ist nicht ein „Produkt", das der Leser konsumiert, sondern ein *processus* – ein Prozess, in dem der Leser zur aktiven Kraft wird, die den Text ständig neu erschafft.

Somit bedeutet der schreibbare Text für Barthes eine radikale Neuorientierung des Verhältnisses zwischen Autor, Text und Leser. Der Autor verliert seine zentrale Bedeutung als der alleinige Ursprung der Bedeutung. Der Text wird zu einem offenen Spiel, einem offenen Feld von Zeichen, in dem sich die Bedeutung immer wieder in einer Vielzahl von Lesarten und Interpretationen entfaltet und neu strukturiert. Der Text ist kein abgeschlossener Kosmos, sondern ein ständiger, sich verändernder Prozess, der sich nur im Austausch, in der Interaktion und im Dialog mit dem Leser weiterbildet.

Fragment und Offenheit

Im Schreiben von Barthes ist das Fragment kein Mangel, keine Unvollständigkeit im traditionellen Sinne. Vielmehr stellt es die notwendige Konsequenz der Erkenntnis dar, dass das Ganze – das Definitive, das vollständig Erklärte, das endgültig Geschlossene – niemals gesagt werden kann. Das Fragment ist das Unmögliche, das Unaussprechbare, das sich der vollständigen Artikulation entzieht. Es ist ein Moment des Abbruchs, der Unterbrechung, doch gerade in dieser Unterbrechung liegt die Wahrheit des Textes: dass er niemals abgeschlossen sein kann, dass er sich immer weiter entfaltet, immer weitergeht.

Der Text bei Barthes ist ein „incomplete", ein unabschließbares Gefüge von Zeichen, das sich keiner endgültigen Ordnung unterwirft. Diese Struktur ist nicht als statisches, fertiges Konstrukt zu begreifen, sondern als ein offenes, expandierendes und distorsioniertes Gewebe. Barthes beschreibt diese Qualität als „Distorsion" und „Expansion" – zwei Bewegungen, die den Text in ständiger Unruhe halten. „Distorsion" bezeichnet das ständige Verbiegen, Verzerren, Aufbrechen der Erwartungen an einen geordneten Text. Der Text verweigert sich der linearisierten, hierarchischen Struktur, die eine einfache, abschließende

Bedeutung vermitteln könnte. Er ist keine strikte, geordnete Darstellung eines klaren Gedankens, sondern eine Verzerrung dieses Gedankens, ein Spiel mit den Möglichkeiten des Ausdrucks, das niemals an einem Punkt Halt macht.

„Expansion" wiederum beschreibt den Prozess, durch den der Text immer weiter wächst, sich ausdehnt, neue Bezüge schafft und Räume eröffnet, die vorher nicht vorgesehen waren. Barthes versteht Expansion nicht als bloße Hinzufügung von Inhalt, sondern als ein Prinzip, das die Textstruktur selbst betrifft. Die Bedeutung des Textes wird nicht in einer endgültigen Aussage fixiert, sondern in einem ständigen Prozess des Werdens, des Ausdehnens, des Sich-Veränderns. Der Text ist niemals ein abgeschlossenes Artefakt; er ist ein unendlicher Prozess, der in jedem Moment seiner Lektüre weitergeht, der immer wieder neu geöffnet wird.

Dieses ständige Revidieren, diese unablässige Verschiebung des Textes, ist das, was Barthes als das „Denken im Schreiben" begreift. Der Text wird nicht einfach als transparente Übertragung von Ideen verstanden, sondern als ein synthetisches, komplexes Gefüge von Gedanken und Zeichen, das sich selbst ständig neu konstituiert. Denken ist im Barthes'schen Sinne nicht das Festhalten von festen, unveränderlichen Wahrheiten, sondern ein fortlaufendes Überprüfen, Korrigieren, Umstrukturieren – ein kontinuierlicher Prozess des Werdens.

Das Fragment ist also nicht nur das Ergebnis des Schreibens, sondern der Ausdruck einer tieferen Wahrheit: dass Schreiben, dass Denken niemals an einem Ende ankommen können. Der Text bleibt immer in Bewegung, immer im Werden. In seiner Unvollständigkeit, in seinem Fragmentarischen, offenbart sich die wahre Dynamik des Denkens – nicht als lineares Erreichen eines Ziels, sondern als offener Prozess, der sich in immer neuen Wendungen und Wiederholungen fortsetzt. Es ist eine Bewegung ohne Ende, die nie in eine endgültige Bedeutung mündet, sondern stets neue Räume eröffnet.

Schreiben als Denkbewegung

Das Schreiben bei Barthes ist kein lineares Vorgehen, kein Fortschreiten von einer klaren Intention zu einem festen Ziel. Vielmehr ist es eine ständige *fluctuation*, eine Schwingung, die in den Interaktionen von Zeichen, Bedeutungen und Stimmen stattfindet. Der Text ist kein statisches Objekt, das den Leser passiv konsumieren lässt, sondern ein lebendiges Feld, in dem jede Lektüre neue Bedeutungsräume aufwirft und neue Bewegungen ins Spiel bringt. In diesem Raum wird das Denken selbst zur Bewegung – es geschieht im Schreiben, es passiert im Akt des Lesens. Es gibt keinen festen Ursprung der Bedeutung, keine „wahren" Absichten des Autors, die entschlüsselt werden könnten. Vielmehr ist es das Zusammenspiel von Zeichen und Interpreten, das dem Text Leben verleiht und ihn zu einem offenen Dialog macht.

Der Autor tritt hier zurück – nicht als Individuum, das über den Text herrscht, sondern als eine Stimme unter vielen, die sich im Spiel der Bedeutungen verliert. Barthes spricht vom „Tod des Autors" nicht als endgültigem Ausschluss der Autorenpersönlichkeit, sondern als einer Bewegung hin zu einer offenen, fluiden Struktur des Textes, in der der Leser die Verantwortung für die Bedeutung mitträgt. Die Bedeutung wird nicht mehr vom Autor festgelegt, sondern entsteht im Moment des Lesens, im Moment der Interaktion, im ständigen Zusammenspiel von Text, Kontext und Leser. Der Text wird nicht zu einem Container, der etwas bereits Fertiges enthält, sondern zu einem Geflecht, das sich fortwährend selbst konstruiert und dekonstruiert.

Schreiben wird bei Barthes zum Experiment, zum *essai*, einem Versuch, einem Suchen, einem Spiel mit Differenzen. Es ist ein Zögern, ein Nicht-Festlegen, ein ständiges Öffnen neuer Möglichkeiten. In diesem Akt des Schreibens wird das Denken nicht als etwas Abgeschlossenes, als ein Wissen oder eine Wahrheit verstanden. Vielmehr wird es als ein Prozess sichtbar – als eine kontinuierliche, immer wieder neu zu formulierende Bewegung, die sich in den Grenzen der Sprache, der Bedeutung und der Kommunikation immer wieder neu entwirft. Der Text bleibt dabei nie fertig, nie abgeschlossen – er ist immer in einem Zustand des Werdens, des Experimentierens, des Erfindens.

Barthes' Ansatz öffnet das Schreiben als eine Praxis des kontinuierlichen Überdenkens. Hier ist der Text nicht das Ende des Denkens, sondern dessen Fortsetzung. Denken wird durch das Schreiben nicht abgebildet, sondern im Schreiben selbst hervorgebracht. Es ist ein sich immer wieder neu konstituierendes Denken, das nie die feste Form des abgeschlossenen Wissens erreicht. Es bleibt, in einer letzten Pointe, immer im Unvollständigen, im Fragmentarischen, im offenen Feld der Möglichkeit.

DIE SCHREIBFORM ALS
DENKFORM BEI WITTGENSTEIN

„Die Grenzen meiner Sprache bedeuten die Grenzen meiner Welt."
– Tractatus Logico-Philosophicus (1918)

Das Schreiben als Denkform

Das Schreiben ist bei Wittgenstein keine bloße Mitteilungstechnik, kein neutraler Träger eines vorab konstituierten Gedankens. Es ist nicht das Medium, durch das sich das Denken äußert, sondern die Form, in der es überhaupt erst zur Geltung kommt. Der Gedanke, der dem Schreiben vorauszugehen scheint, ist ein Trugbild. Was gedacht erscheint, bevor es geschrieben ist, existiert nur als Erwartung – nicht als Erkenntnis.

Wittgensteins Philosophie verweigert sich der Illusion, dass dem Ausdruck ein fertiges Denken vorangehe – so wie ein Ideal dem Vollzug. Stattdessen rückt sie das Schreiben ins Zentrum des Denkens: als Ort, an dem Wahrheit nicht dargestellt, sondern ereignet wird.

In der Schreibform verdichtet sich die Spannung, die dem Denken innewohnt: die Unvereinbarkeit von Begriff und Sache, die Notwendigkeit, in Sprache zu sagen, was sich ihr zugleich entzieht.

Wittgensteins Stil – aphoristisch, fragmentarisch, von ständigen Selbstunterbrechungen durchzogen – widersetzt sich der synthetischen Gewalt des Systems. Seine Notate, Streichungen, tastenden Formulierungen sind Spuren eines Denkens, das seiner selbst nie sicher ist – und gerade darin seine Wahrheit sucht. Die Form wird zum Inhalt. Was sich nicht schreiben lässt, bleibt nicht bloß unausgesagt – es bleibt ungedacht.

Diese Identität von Schreiben und Denken ist keine Versöhnung, sondern eine Spannung. Sie bedeutet nicht das Einverständnis von Ausdruck und Auszudrückendem, sondern das fortwährende Scheitern, das sich in der Sprache niederschlägt. Schreiben wird zur Form des Widerstands – gegen die Positivität des Gedachten, gegen das Abgeschlossene, Fertige, Kommunizierbare.

Doch gerade in diesem Widerstand liegt seine Produktivität. Es ist die Negation der Aussage, die den Gedanken ermöglicht.

Wittgensteins Schreiben ist kein literarisches Ornament, sondern die Form des Philosophierens selbst – eine, die nicht repräsentiert, sondern hervorbringt. Und dies unter dem ständigen Risiko des Misslingens.

Denken und Schreiben als Einheit

Die Unterscheidung zwischen Denken und Schreiben ist selbst ein Produkt jener falschen Klarheit, gegen die sich Wittgensteins Philosophie richtet. Die Annahme, der Gedanke gehe dem Schreiben voraus – als wäre er ein innerer Gehalt, der anschließend äußerlich zu Papier gebracht wird –, ist Ausdruck eines metaphysischen Vorurteils: der Vorstellung einer Reinheit des Denkens, das vom Medium seiner Artikulation unabhängig sei.

Wittgenstein durchkreuzt diese Annahme, indem er das Schreiben nicht als nachträglich, sondern als konstitutiv versteht. Der Gedanke entsteht nicht vor dem Schreiben, sondern in ihm – oder bleibt ein bloßes Vorgefühl, ein leeres Soggefühl des Denkens, das in der Sprache keinen Halt findet.

Der Satz „Wir sind nur fähig aufzuschreiben, was in der Schreibform in uns entsteht" ist keine bloße Beobachtung, sondern eine Denkfigur, die das Verhältnis von Subjekt, Gedanke und Sprache ins Wanken bringt. Schreiben wird nicht als Technik verstanden, sondern als Ort der Entstehung. Der Gedanke ist nicht das, was im Subjekt ruht und durch das Schreiben in Erscheinung tritt; vielmehr ist das Schreiben der Raum, in dem sich das Subjekt dem Gedanken annähert – unter Bedingungen, die es nicht vollständig kontrolliert.

In der Geste des Schreibens kommt etwas zur Sprache, das sich im bloßen Denken nicht realisieren ließe: Der Gedanke wird nicht nur wiedergegeben, sondern erstmals vollzogen.

Damit hebt Wittgenstein nicht nur eine zeitliche Abfolge, sondern auch eine Hierarchie auf: Schreiben ist nicht sekundär. Es ist nicht das bloße Kleid des Gedankens, sondern seine Bedingung. Der Gedanke ohne Schrift bleibt uneingelöst, vage – ein Versprechen ohne Erfüllung.

Doch das Schreiben trägt auch das Risiko in sich, dass der Gedanke, den es hervorzubringen sucht, misslingt. In dieser Spannung – zwischen dem Unverfügbaren des Gedankens und dem Material des Schreibens – konstituiert sich das philosophische Denken als ein Akt, der seine Form nicht beherrscht, sondern sie bewohnt.

Schreiben wird so zur Bewährungsprobe des Denkens – zur Bühne, auf der sich zeigt, ob ein Gedanke überhaupt gedacht werden kann. Das Denken ist nicht der Ursprung, sondern die Spur, die das Schreiben hinterlässt. Wittgensteins Philosophie ist in diesem Sinn keine Lehre, sondern ein Verfahren: ein ständiges Ansetzen, Rücknehmen, Neuformulieren.

Die Einheit von Denken und Schreiben ist keine Identität, sondern ein Verhältnis permanenter Spannung. Und gerade in dieser Unruhe liegt ihre Wahrheit.

Schreiben als stetige Revision

Die Produktivität des Schreibens bei Wittgenstein lässt sich nicht mit der bloßen Erzeugung von Text gleichsetzen. Vielmehr wird die Frage nach der Notwendigkeit dessen, was geschrieben wird, umso dringlicher, je mehr geschrieben wird. Schreiben, das nicht zugleich denkt, wird für Wittgenstein nicht nur ineffektiv, sondern schädlich – ein leeres Produkt des Geistes, das die Form besetzt, ohne sie zu durchdringen. Der Satz, der lediglich das Wiedergegebene wiedergibt, ist kein Träger von Bedeutung, sondern ihr blasser Abklatsch. Solches Schreiben verfehlt den Gedanken nicht nur – es verwischt ihn. In Wittgensteins Worten: „Schmutz" oder „Dreck", der entfernt werden muss.

Philosophisches Schreiben, das sich seiner eigenen Produktivität sicher wähnt, ist bereits korrumpiert. Das Neue, das im Schreiben entstehen soll, lässt sich weder planen noch voraussagen – es ist kein Ziel, sondern ein Ereignis, das sich dem Schreibenden entzieht. Nur dort, wo Schreiben sich seines möglichen Scheiterns bewusst bleibt, wird es produktiv. Der Gedanke, der im Schreiben entsteht, ist nicht das Resultat einer Operation, sondern ein Widerfahrnis. Schreiben bleibt stets prekär: Es kann etwas zur Sprache bringen – oder in der Wiederholung leerer Formen ersticken.

Wittgensteins Philosophie kennt keine Versöhnung zwischen produktivem und überflüssigem Schreiben. Vielmehr zeigt sich im Fortgang des Schreibens selbst, wie untrennbar beide miteinander verknüpft sind. Was heute als Gedanke erscheint, kann morgen als „Dreck" verworfen werden. Kein Satz ist gesichert, keine Form endgültig. Das Philosophieren ist in seinem Kern revisionistisch – nicht im Sinne von Fortschritt, sondern als fortwährende Selbstkritik. Der Text wird zur Zone des Übergangs, in der jeder Gedanke unter Vorbehalt steht.

Das Schreiben bei Wittgenstein ist immer ein Akt im Schatten der Möglichkeit seiner eigenen Entwertung. Das Philosophische entsteht im Moment der Formwerdung – doch es vergeht auch in ihr. Diese doppelte Bewegung – das Hervorbringen und Verwerfen – ist kein pathologisches Symptom, sondern konstitutiv für das Philosophieren. Wer schreibt, während er sich der Möglichkeit der Überflüssigkeit seines Geschriebenen bewusst bleibt, schreibt philosophisch. Nur dort, wo das Denken sich gegen das eigene Produkt auflehnt, besteht Hoffnung auf Einsicht.

Die gegenläufige Doppelbewegung

Das Schreiben, wie Wittgenstein es versteht, ist kein linearer Fortschritt, keine fortschreitende Akkumulation von Sinn. Es gleicht vielmehr einer Bewegung, die zugleich enthüllt und tilgt, produziert und entwertet, schafft und vernichtet. Die Schreibform generiert Gedanken, die außerhalb ihrer selbst nicht existieren könnten – sie ist nicht Behälter, sondern Generator. Doch diese produktive Kraft ist von Beginn an durch eine destruktive durchkreuzt: Jeder hervorgebrachte Gedanke wird durch das Medium, das ihn ermöglicht, zugleich in Frage gestellt. Schreiben ist kein Ausdrucksmittel, sondern Austragungsort einer Spannung, in der das Denken sich seiner selbst nicht sicher sein kann.

Diese gegenläufige Doppelbewegung – das gleichzeitige Hervorbringen und Verwerfen – ist keine pathologische Schwäche, sondern die Form, in der das Philosophieren seiner Wahrheit näherkommt. Im Schreiben erscheint der Gedanke nicht als Besitz, sondern als Versuch. Er zeigt sich im Modus des Vorläufigen, der Selbstkorrektur, des ständigen Sich-selbst-Widerlegens. Was bleibt, ist nicht das Resultat, sondern die Spur einer Bewegung. Die Wahrheit des Gedankens liegt nicht in seiner Stabilität, sondern in seiner Bereitschaft, sich aufzugeben.

Die Spannung zwischen dem Geborenen und dem Ausgesonderten, zwischen dem Satz, der bleibt, und dem, der gestrichen wird, ist kein ästhetisches Moment, sondern eine epistemische Notwendigkeit. In ihr artikuliert sich die Einsicht, dass Denken, das sich festhält, sich selbst verrät. Wittgensteins Schreiben ist daher ein Schreiben unter Vorbehalt – jedes Wort muss sich seine Daseinsberechtigung im Blick des Denkens stets neu erarbeiten. Die Schreibform wird zur Instanz der Prüfung, der Negation und – im seltenen Fall – der Anerkennung.

So ergibt sich ein paradoxes Gesetz: Nur ein Schreiben, das in der Lage ist, sich selbst zu unterlaufen, verdient den Namen des Philosophischen. In dieser gegenläufigen Bewegung liegt sein Wahrheitsmoment: Es zielt nicht auf das Festhalten, sondern auf das Loslassen. Nicht das Gedachte triumphiert, sondern das im Schreiben Durchgearbeitete. Der Gedanke wird zur Bewegung – und das Schreiben zur Form, in der diese Bewegung sichtbar wird: im Licht der Negation.

Das Scheitern als Weg der Erkenntnis

Wittgensteins Schreiben ist Philosophie in der Form des Fragments – nicht, weil ihm der Wille zur Systematik fehlte, sondern weil er die Totalität als Illusion durchschaute. Die Einheit von Denken und Schreiben, die sich in seinem Werk vollzieht, ist keine Harmonie, sondern ein Schauplatz unablässiger Konfrontation. Der Gedanke, der nicht geschrieben werden kann, bleibt uneingelöst; das Geschriebene, das nicht denkend hervorgebracht wird, verfehlt seine Möglichkeit. In dieser doppelten Gefahr – des Schweigens wie des bloßen Geredes – liegt das Pathos seines Philosophierens.

Was bei Wittgenstein sichtbar wird, ist kein Verfahren, das zur Erkenntnis führt, sondern eine Haltung, die sich dem Zwang zur Festlegung entzieht. Die Schreibform wird zum Ort, an dem das Denken seine Beweglichkeit behauptet – gegen die Erstarrung im Begriff, gegen das Dogma der Vollendung. Schreiben ist für ihn nicht bloß Ausdruck, sondern Widerstand – gegen die Verdinglichung des Gedankens, gegen das Trugbild des Wissens.

Wittgensteins Philosophie ist daher nicht nur ein Streben nach Klarheit, sondern eine fortwährende Auseinandersetzung mit der Unbestimmtheit des Denkens. Sie ist ein Prozess, der nicht zur Ruhe kommt, sondern sich immer wieder neu entfaltet – in der Spannung zwischen dem, was gesagt wird, und dem, was unausgesprochen bleibt. In dieser unablässigen Unruhe liegt die eigentliche Wahrheit seiner Philosophie: kein abgeschlossenes System, sondern ein fortwährender Akt des Denkens und Schreibens, der sich nicht in endgültigen Antworten erschöpft, sondern immer wieder neu beginnt.

Wahrheit liegt bei Wittgenstein nicht im Festhalten, sondern im Loslassen – im ständigen Aufbrechen und Verwerfen von Gewissheiten. In diesem Prozess des Scheiterns und Versuchens, des Überdenkens und Revidierens, offenbart sich die Philosophie als unabschließbarer Akt: nicht abgeschlossen, nicht festgelegt – sondern stets im Werden.

Schreiben nach Wittgenstein

Was gedacht scheint, bevor es geschrieben wird, ist Erwartung – nicht Erkenntnis.

Der Gedanke braucht die Sprache nicht, um sich auszudrücken, sondern um zu entstehen.

Schreiben ist kein Mittel der Mitteilung, sondern der Austragungsort des Denkens.

Was sich nicht schreiben lässt, entzieht sich nicht nur dem Ausdruck, sondern auch dem Denken.

Die Form ist nicht der Behälter des Inhalts. Sie ist sein Widerstand.

Die Unterbrechung ist keine Schwäche des Textes. Sie ist seine Bedingung.

Ein Fragment ist nicht ein Teil des Ganzen. Es ist der Ort, an dem das Ganze unmöglich wird.

Nicht Erkenntnis, sondern Unsicherheit ist der Grundzustand des Philosophierens.

NIETZSCHE

Denken in Schrift

Wer Nietzsche liest, liest nicht. Er gerät – in eine Bewegung, die sich dem Zugriff entzieht, indem sie sich vollzieht: in der Sprache, gegen sie. Schreiben: nicht Nachvollzug, sondern Vorschein. Nicht Mitteilung des Gedachten, sondern Exposition des Denkens – unter Bedingungen, die es verzerren und darin gerade enthüllen.

Der Gedanke erscheint nicht als Produkt, sondern als Prozess – das Schreiben wird zum Ort, an dem das Denken sich selbst begegnet: nicht als Identität, sondern als Differenz. Nietzsche schreibt nicht, was er denkt. Er denkt, indem er schreibt.

Was *Form* heißt, ist hier kein Resultat, sondern Risiko. Der Aphorismus: nicht die Verknappung eines Ganzen, sondern der Rest eines Übermaßes. Das Fragment: nicht Bruchstück, sondern Ausdruck des Unmöglichen – ein Denken, das nur Form findet, wenn es sich verliert.

Nietzsche systematisiert nicht, weil Denken bei ihm nicht zu sich kommt, sondern fortgeht. Was er entäußert, ist kein Beweis, sondern Szene. Keine Abhandlung, sondern Aufführung. In jedem Satz: das Zögern der Sprache, der Widerstand des Gedachten gegen seine eigene Artikulation.

Schrift ist hier nicht Medium, sondern Material. Denken geschieht nicht vor der Sprache, sondern in ihr – tastend, tastbar, nie gesichert. Die Grenze zwischen Wort und Begriff, Satz und Sinn: Sie verläuft nicht – sie zittert.

Das Schreiben bei Nietzsche trägt die Bewegung des Denkens nicht aus, es reißt sie auf. Keine Linie, sondern ein Riss, der sich durch das Gedachte zieht – nicht heilbar durch Begriff, sondern fruchtbar durch Stil. *Stil*: das Denken, das sich nicht fassen lässt, weil es sich entfaltet, indem es sich entzieht.

So wird jedes Fragment zur Wunde – und zur Möglichkeit. Denn im Zerspringen der Form bricht nicht Sinn hervor, sondern Wahrheit: als das, was sich nicht festhalten lässt.

Denken, das schreibt, spricht nicht über die Welt. Es wird selbst zum Ausdruck ihrer Unmöglichkeit – und genau darin: zu ihrer Form.

Denken als Prozess

Was bei anderen Bruch heißt, heißt bei Nietzsche Form. Nicht das Misslingen eines Ganzen, sondern der Entzug von Ganzheit.

Das Fragment entspringt keinem Mangel, sondern einer Verweigerung: von System, von Glätte, von Versöhnung. Es verweigert Zusammenhang nicht aus Beliebigkeit, sondern als Praxis des Unabschließbaren. Der Riss wird nicht beklagt, er wird gesetzt.

Nietzsche denkt nicht vom Begriff her, sondern von der Bewegung. Kein Standpunkt, nur ein Standhalten im Schweben. Was sich bei ihm niederschlägt, ist kein Ergebnis, sondern ein Einschlag: der Gedanke nicht als Besitz, sondern als Erschütterung.

Sein bevorzugtes Mittel: der Aphorismus. Keine Form, sondern Formverweigerung in Form. Ein Satz, der sich nicht entfaltet, sondern aufreißt. Der Gedanke – nicht dargestellt, sondern in Bewegung ausgesetzt.

Nietzsche schreibt: „Ich misstraue allen Systematikern und gehe ihnen aus dem Weg. Der Wille zum System ist ein Mangel an Rechtschaffenheit." Nicht bloß ein Bonmot, sondern ein Urteil. Nicht über andere – über das Denken selbst.

Das Fragmentarische, das Experimentelle: keine Pose, kein Kunstgriff. Ausdruck einer Philosophie, die nicht wissen will, sondern sucht. Die im

Denken kein Ziel erkennt, sondern eine Richtung – ohne Richtungssicherheit.

Der Aphorismus: nicht Stilmittel, sondern Denkform. Keine Kürze aus Eleganz, sondern aus Notwendigkeit. Er trägt in sich, was er zerstört: die Möglichkeit der Aussage. In jedem Satz: das Echo des Zerbrechens, das noch kommen wird.

Nietzsches Schreiben duldet keine Ruhe. Es verweigert dem Gedanken das Recht auf Dauer. Kein Satz will sich setzen – denn was sich setzt, gerinnt. Jeder Gedanke trägt seine eigene Widerlegung bereits in sich, als Unruhe, als kommende Bewegung.

Was hier entsteht, will nicht fortdauern, sondern brennen. Kein Beharren, nur Verdichtung. Intensität statt Bestand.

Was Philosophie gemeinhin tilgt – das Schwankende, das Sprunghafte, das Unabgeschlossene – wird hier zum Ort. Nietzsches Denken beginnt, wo das System endet: im Aufschub, im Abbruch, in der Ahnung, dass Wahrheit sich nicht zeigt, sondern verzieht.

Schreiben als schöpferischer Akt

Denken – nicht vorbereitet und dann notiert. Denken: notierend. Nietzsche schreibt nicht, was er denkt, sondern **dass** er denkt – im Schreiben, durch das Schreiben, gegen das Schreiben. Was entsteht, entsteht im Vollzug. Wortwahl, Formulierung, Streichung – keine Techniken, sondern Akte der Konstitution.

Schreiben ist kein Vehikel des Gedankens, sondern sein Widerlager. Es gibt keine Sprache, ohne dass sie sich sperrt. Nietzsche notiert nicht – er erzeugt. Jeder Satz: ein Versuch, einem Denken zu folgen, das im Moment der Formulierung bereits entgleitet.

„Wir schreiben nicht, wie wir wollen, sondern wie wir können" (Ecce Homo) – kein Eingeständnis der Begrenzung, sondern ein Hinweis: Das Können ist die Form des Denkens. Die Schrift setzt Maß – und setzt frei.

Auch das Außen schreibt mit. Gehen, Licht, Luft, Werkzeug – keine Nebensächlichkeiten. Die Bewegung des Körpers trägt die Bewegung des

Gedankens. Was entsteht, entsteht unterwegs. Der Schritt: Rhythmus des Denkens. Der Atem: seine Interpunktion.

Nietzsche denkt nicht im Studierzimmer, sondern im Gelände. Kein Tisch, sondern Steig. Kein Fenster, sondern Horizont. Die Schrift: Spur – nicht Festschrift.

Notizbuch, Graphit, Schritt – das Denken sammelt sich nicht im Zentrum, sondern an den Rändern. Schreiben bei Nietzsche ist kein Archiv, sondern eine Topografie des Vorläufigen.

Was sich festhält, war in Bewegung. Was sich bewegt, lässt sich nicht festhalten. Und was sich nicht festhalten lässt – beginnt.

Vom Stil als Aura des Denkens

Es gibt Texte, die nicht gelesen werden wollen wie Bücher, sondern wie Spuren. Sie lassen sich nicht besitzen, nicht abschließen – sie verlangen, dass man sich in ihnen verliert, um anders zurückzukehren. Nietzsches Schriften gehören dazu. Ihr Stil: keine Hülle des Gedankens, sondern sein Leuchten.

In jedem Satz vibriert die Unruhe eines Denkens, das sich dem Begriff entzieht – wie ein Licht, das sich nicht festhalten lässt. Stil ist nicht das *Wie* des Gesagten, sondern das *Woher*. Er trägt die Geschichte seiner Entstehung in sich: das Gehen, das Licht, die Kälte eines Morgens in Sils Maria.

Nietzsche denkt nicht im System, sondern im Fragment. Nicht aus der Mitte, sondern von den Rändern her. Seine Texte: topografische Andeutungen – keine Karten. Ihre Offenheit ist keine Leerstelle, sondern ein Vakuum, das zieht. Ein Schweigen, das spricht.

„Ein Buch für Alle und Keinen" – nicht nur ein Titel, sondern ein Schlüssel. Die Schrift entzieht sich dem Leser, um ihn zu treffen. Nicht die Botschaft ist ihr Ziel, sondern die Berührung.

Nietzsche schreibt nicht, um zu sagen, sondern um zu zeigen, was sich nicht sagen lässt. Sein Stil: eine Form des Schweigens, das sich der Sprache bedient – nicht leer, sondern erfüllt von Möglichkeiten.

Der Leser ist kein Konsument, sondern ein Wanderer. Er begegnet dem Text nicht als Objekt, sondern als Ereignis. In der Lektüre wird kein Wissen vermittelt, sondern eine Erfahrung ermöglicht – eine Erschütterung vielleicht, ein Innehalten.

Die Philosophie, die sich im Stil vollzieht, ist eine andere als die des Begriffs. Kein Beweis, sondern Erinnerung. Kein Fortschritt, sondern Wiederkehr.

Nietzsches Schreiben ist ein Denkbild: keine Abhandlung, kein Dialog, sondern ein Fragment, das den Leser aufruft – nicht zur Antwort, sondern zur Aufmerksamkeit.

In ihm leuchtet ein Gedanke auf – nicht weil er deutlich ist, sondern weil er sich entzieht. Und in diesem Entzug beginnt vielleicht das Eigentliche: Denken als Spur, als Blick zurück – oder vorwärts ins Offene.

Denn das Fragment, dem sich der Sinn verweigert, enthält mehr als der vollendete Satz. Es bewahrt die Möglichkeit des Anfangs – selbst dort, wo alles gesagt scheint. Nietzsches Schreiben lebt von dieser Bewegung: Es will nicht lehren, sondern wachhalten.

Zwischen den Zeilen: das ungesagte Denken. In der Form: die Kritik an der Form. Jeder Aphorismus – eine Schwelle. Kein Zugang, kein Ausgang, sondern ein Ort.

So wird Stil zum Ort des Widerstands gegen die Verdinglichung des Gedankens. Was bleibt, ist nicht der Text, sondern die Spannung, die er setzt – eine Spannung, die nicht erlöst werden soll, sondern bleibt. Als Form der Erinnerung an ein Denken, das sich selbst nicht genügt.

Und vielleicht ist dies die höchste Geste der Philosophie: nicht zu erklären, sondern zu entzünden.

Nach Nietzsche

Das Schreiben ist bei Nietzsche nicht Medium des Denkens – es ist seine Bedingung. Kein Gedanke ohne Schrift, kein Denken ohne Fragment. Was hier *Philosophie* heißt, ist keine Wissenschaft, sondern eine Bewegung, die sich selbst befragt – eine Praxis, die nicht auf Wahrheit zielt, sondern auf deren Durchbrechung.

Wahrheit: kein Besitz, sondern Geste. Keine Form, sondern Formwerdung. Sie wird bei Nietzsche nicht entdeckt, sondern erlitten – als Moment, als Riss, als Unterbrechung.

Philosophie, klassisch verstanden, sucht die Antwort. Nietzsche verweigert sie. Seine Texte: kein System, sondern Drift. Kein Fundament, sondern Gelände. Was sich zeigt, ist nicht das Wahre, sondern das Widerständige.

Das Fragment ist nicht das, was vom Ganzen übrig bleibt – es ist der Ort, an dem das Ganze unmöglich wird. Nietzsches Aphorismen zerreißen das Denken, um es gerade dadurch zu öffnen.

In dieser Offenheit wird das Philosophieren selbst zum Problem. Kein Denken über etwas, sondern ein Denken *durch* den Bruch hindurch. Kein Fortschritt, sondern Rückfall in den Ursprung – der Satz, bevor er Form annimmt.

Nietzsche zwingt nicht zur Zustimmung, sondern zum Denken – dort, wo Denken sich seiner selbst nicht mehr sicher ist. Nicht Erkenntnis, sondern Irritation. Nicht Ziel, sondern Zersetzung des Ziels.

Was er hinterlässt, sind keine Lehren, sondern Spuren. Keine Autorität, sondern Versuchsanordnungen. Jede Zeile: eine Schwelle.

So wird Philosophie zum Risiko. Ihre Wahrheit liegt nicht im Begriff, sondern im Moment der Unruhe. Denken heißt hier: sich aussetzen.

Die Konsequenz? Philosophie nach Nietzsche darf sich nicht mehr sicher sein, dass sie Philosophie ist. Sie beginnt dort, wo ihre Begriffe versagen.

Derrida, Deleuze – sie haben weitergeschrieben, was bei Nietzsche abbricht. Sie haben gelesen, wo er verstört. Doch das Denken, das Nietzsche fordert, beginnt erst dort, wo auch ihre Sätze enden.

Die eigentliche Konsequenz liegt nicht in der Aneignung, sondern in der Wiederholung des Abbruchs – im Schreiben, das nicht auf Antwort zielt, sondern auf die Möglichkeit, erneut zu fragen: anders, verletzlicher, offener.

Nietzsches Philosophie ist nicht unvollendet, weil ihr etwas fehlt – sie entzieht sich dem Abschluss. Sie ist Fragment, weil nur im Fragment das Denken sich selbst ausgesetzt bleibt.

Und vielleicht ist das der eigentliche Bruch: dass Philosophie nach Nietzsche nicht mehr geschrieben werden kann, ohne sich selbst infrage zu stellen.

VON DISTINKTION ZU SINGULARITÄT

Gesellschaftliche Ungleichheit und kulturelle Differenz bei Bourdieu und Reckwitz

In einer Gegenwart, in der die permanente Inszenierung des Selbst, die stilisierte Raffinesse des Geschmacks und die unermüdliche Jagd nach dem Einzigartigen die alltäglichen Diskurse prägen, drängt sich unweigerlich die Frage auf, wie soziale Ungleichheit heute hervorgebracht, legitimiert und fortgeschrieben wird. Die Wahl musikalischer Präferenzen, des persönlichen Kleidungsstils, des urbanen Raums, in dem man sich ansiedelt, oder gar der individuellen Gestaltung des Ernährungsmusters – all dies erscheint zunächst als Ausdruck einer aus autonomen Entscheidungen hervorgehenden Subjektivität. Doch stellt sich die Frage, ob diese vermeintliche Autonomie tatsächlich das Resultat freier Wahlakte ist oder ob sie nicht vielmehr die Spiegelung sozialer Strukturen darstellt, die unter der Oberfläche individueller Entscheidungen tiefgreifend wirksam sind.

Die kultursoziologische Forschung hat mit Pierre Bourdieu und, einige Jahrzehnte später, Andreas Reckwitz zwei zentrale theoretische Perspektiven hervorgebracht, die sich der Analyse dieser Prozesse widmen. Während Bourdieu bereits in den 1970er Jahren aufzeigte, wie kulturelle Präferenzen zur Reproduktion und Stabilisierung sozialer Klassen beitragen, entwirft Reckwitz im frühen 21. Jahrhundert das Bild einer Gesellschaft, in der nicht mehr kollektive Klassengeschmäcker, sondern Singularitäten – das Besondere, Authentische und Originelle – zur zentralen Kategorie der sozialen Differenzierung avancieren.

Die Werke von Pierre Bourdieu (*La Distinction. Critique sociale du jugement*, 1979) und Andreas Reckwitz (*Die Gesellschaft der Singularitäten*, 2017) stehen dabei in einem analytisch produktiven Spannungsverhältnis, das einer differenzierten dialektischen Betrachtung bedarf. Bourdieu analysierte die französische Gesellschaft der Post-68er-Zeit, die noch durch tief verwurzelte Klassenstrukturen und einen weitgehend homogenen kulturellen Kanon geprägt war. Geschmack, so seine These, sei keineswegs Ausdruck individueller Freiheit, sondern fungiere vielmehr als soziales Distinktionsmerkmal – als Instrument symbolischer Gewalt, das zur Legitimation und Reproduktion bestehender Hierarchien beiträgt.

Demgegenüber steht Reckwitz' Analyse einer spätmodernen Gesellschaft, die durch postfordistische Produktionsverhältnisse, digitale Ökonomien sowie eine neoliberale Kultur der Selbstoptimierung geprägt ist. In dieser neuen sozialen Formation geht es nicht mehr primär um die Reproduktion kollektiver Klassenästhetiken, sondern um die kontinuierliche Hervorbringung und Nachfrage nach dem Außergewöhnlichen – sei es das „einzigartige Café", der „authentische Lebenslauf" oder die „ästhetisch kuratierte Identität". Was auf den ersten Blick wie ein fundamentaler Gegensatz zwischen Bourdieus Konzept sozialer Klassenstruktur und Reckwitz' Diagnose einer Singularitätsgesellschaft erscheint, erweist sich bei näherer Betrachtung als ein komplexes Ineinandergreifen zweier Differenzierungslogiken. Diese Einsicht eröffnet nicht nur neue Perspektiven auf zeitgenössische Formen sozialer Ungleichheit, sondern wirft auch die Frage auf, in welcher Weise sich deren Mechanismen verändert oder fortgeschrieben haben.

Vor diesem Hintergrund formuliert sich die zentrale Fragestellung dieses Essays: In welchem Verhältnis steht Bourdieus Theorie der sozialen Distinktion zu Reckwitz' Konzept der Singularitäten? Handelt es sich um konkurrierende, möglicherweise unvereinbare Theorien – oder beschreibt Reckwitz vielmehr eine Transformation jener Differenzierungsmechanismen, die Bourdieu bereits in Ansätzen diagnostiziert hatte? Lässt sich womöglich eine Verschiebung von kollektiv verankerten kulturellen Codes hin zu einer Ökonomie radikalisierter Individualisierung beobachten?

Die leitende These dieses Essays lautet: Reckwitz' Analyse der spätmodernen Gesellschaft baut nicht nur implizit auf Bourdieus Theorie der sozialen Distinktion auf, sondern führt sie im Rahmen neuer gesellschaftlicher Bedingungen konsequent weiter und zugleich radikalisiert sie. Der Modus sozialer Differenzierung hat sich verändert – von der klassenbasierten Reproduktion kulturellen Kapitals hin zu einer marktorientierten, individualisierten Jagd nach Einzigartigkeit. Gleich geblieben ist jedoch die grundlegende Funktion kultureller Praktiken: Sie fungieren weiterhin als Medium sozialer Ungleichheit – lediglich die Formen, in denen sie auftreten, haben sich gewandelt.

Im folgenden Verlauf wird zunächst Bourdieus Theorie der Distinktion systematisch rekonstruiert, mit besonderem Augenmerk auf die zentralen Konzepte von Geschmack, Habitus und kulturellem Kapital. Daran anschließend wird Reckwitz' Theorie der Singularisierung entfaltet, die das dynamische Zusammenspiel von Kultur, Ökonomie und Subjektivität im Kontext des digitalen Kapitalismus beleuchtet. Abschließend erfolgt eine vergleichende Analyse beider Ansätze – mit Fokus sowohl auf ihren strukturellen Parallelen als auch auf ihren theoretischen Differenzen. Den Abschluss bildet eine kritische Reflexion über die Implikationen dieser Gegenüberstellung für das gegenwärtige Verständnis kultureller Ungleichheit.

1. Pierre Bourdieu und die soziale Logik der Distinktion

Pierre Bourdieus Hauptwerk *La Distinction* stellt einen Meilenstein der Soziologie des 20. Jahrhunderts dar – nicht allein aufgrund seiner empirischen Fundierung und methodologischen Breite, sondern vor allem durch die Schärfe und Tragweite seiner zentralen These: Geschmack ist kein autonomer Ausdruck individueller Vorlieben, sondern ein soziales Urteil, das tief in die Struktur gesellschaftlicher Machtverhältnisse eingebettet ist. Was als „guter Geschmack" gilt, wird unablässig an spezifische soziale Positionen gekoppelt – eine Kopplung, die keineswegs kontingent ist, sondern Bestandteil eines umfassenden Mechanismus sozialer Exklusion und Statuszuweisung. In einer Gesellschaft, die sich selbst als meritokratisch versteht und kulturelle Teilhabe als universal zugänglich inszeniert, offenbart sich – im Subtext alltäglicher Praxis – eine subtile, gleichwohl höchst wirksame Form der sozialen Reproduktion.

Bourdieu geht in seiner Analyse über eine bloße Beschreibung sozialer Klassenverhältnisse hinaus: Er richtet den Fokus auf jene Mechanismen, die den scheinbar freien Geschmack strukturieren und dadurch tief in das soziale Gefüge eingreifen. Er dekonstruiert die liberalen Illusionen einer Gesellschaft, die Geschmack als Ausdruck individueller Wahlakte begreift, und zeigt, dass dieser vielmehr das Produkt sozialer Bedingungen ist – Bedingungen, die in der Struktur gesellschaftlicher Felder sedimentiert sind. Diese Felder – etwa das Bildungs-, Kunst- oder Wissenschaftsfeld – sind keine neutralen Räume, sondern symbolisch aufgeladene Arenen, in denen Machtverhältnisse über den Zugang zu und die Verteilung von kulturellem Kapital ausgehandelt werden. Geschmack fungiert in diesem Zusammenhang als symbolisches Kapital: Er markiert Zugehörigkeit, schafft Distanz und reproduziert soziale Ungleichheit nach den Gesetzen der Distinktion.

1.1 Habitus, Kapital und Feld

Die theoretische Architektur von Bourdieus Analyse basiert auf den zentralen Begriffen des *Habitus*, der verschiedenen Kapitalformen und des *Feldes* – Kategorien, die eine systematische Erfassung jener Prozesse ermöglichen, durch die soziale Hierarchien dauerhaft reproduziert werden. Der Habitus bezeichnet ein System inkorporierter Dispositionen, das Wahrnehmungs-, Denk- und Handlungsschemata umfasst, die im Verlauf der Sozialisation unbewusst angeeignet werden. Diese Dispositionen sind nicht intentional oder reflektiert, sondern tief verinnerlichte Orientierungsmuster, die Handlungen präfigurieren und die Grenzen des als angemessen Geltenden innerhalb eines sozialen Feldes definieren.

Der Habitus ist jedoch kein statisches oder isoliertes Phänomen. Er steht in einem dynamischen Wechselverhältnis zu den sozialen Feldern, innerhalb derer er sich ausbildet und manifestiert. Felder – etwa das akademische, journalistische oder ökonomische Feld – stellen strukturierte Räume dar, in denen um die Verfügung über symbolisches Kapital gerungen wird. Dieses Kapital, etwa in Form von Bildungsabschlüssen, kulturellem Wissen oder legitimer Anerkennung, ist ungleich verteilt und fungiert als Eintrittskarte zu bestimmten sozialen Positionen. Geschmack wird in diesem Kontext zu einem feinen, aber wirksamen Instrument sozialer Differenzierung: Wer die „richtigen" kulturellen Codes beherrscht – sei es in Sprache, Auftreten oder Konsum –, signalisiert soziale Zugehörigkeit und grenzt sich zugleich von jenen ab, die diese Codes nicht internalisiert haben.

1.2 Distinktion als soziale Praxis

In diesem theoretischen Rahmen wird Distinktion zu einer zentralen Praxis sozialer Reproduktion. Die Wahl von Konsumgütern – sei es der passende Wein, ein bestimmter Kleidungsstil oder die bevorzugte Freizeitgestaltung – erscheint oberflächlich als Ausdruck individueller Vorlieben. Tatsächlich jedoch sind diese Entscheidungen tief in soziale Differenzierungsprozesse eingebettet. Es ist nicht nur der Besitz kultureller Güter, der den sozialen Status definiert, sondern auch und vor allem die Art und Weise ihres Gebrauchs – das subjektive Verhältnis zum Objekt. So kann etwa ein weißes Hemd als Symbol bürgerlicher Seriosität oder als bloße Dienstkleidung erscheinen – je nach sozialem Kontext und dem Habitus des Trägers.

Distinktion ist kein beiläufiges, individuelles Verhalten, sondern eine strukturierte soziale Praxis, die sich an den kulturellen Codes der jeweiligen Gesellschaft orientiert. Sie folgt einer symbolischen Logik, durch die Geschmack zur Waffe symbolischer Ausgrenzung wird – ein Mechanismus „unsichtbarer Gewalt", wie Bourdieu es nennt, der soziale Grenzen nicht durch explizite Verbote, sondern durch implizite kulturelle Ausschlüsse markiert. So entstehen feine, aber stabile Linien zwischen den Klassen, die durch habituelle Praktiken aufrechterhalten werden.

1.3 Der Mythos der Autonomie

Mit dieser Analyse bricht Bourdieu radikal mit dem liberalen Mythos individueller Autonomie. Geschmack ist kein Ausdruck einer souveränen Identität, sondern das Resultat historisch gewachsener Machtverhältnisse. Der sogenannte „gute Geschmack" ist kein universeller Maßstab, sondern ein sozialer Code, der Klassenzugehörigkeit signalisiert und zugleich soziale Distanz stabilisiert – zwischen jenen, die über den Zugang zu kulturellen Ressourcen verfügen, und jenen, denen dieser verwehrt bleibt.

Gerade in einer Gesellschaft, die Konsum, Lebensstil und kulturelle Praxis als Ausdruck von Freiheit und Selbstverwirklichung vermarktet, bleibt der Mythos der Autonomie virulent. Doch zeigt sich bei näherer Betrachtung, dass kultureller Konsum tief in sozialen Strukturen verankert ist – und dass dieser Zugang wesentlich durch die Verfügbarkeit kulturellen Kapitals bestimmt wird. Diese kulturellen Codes sind nicht Ausdruck objektiver Wahrheit oder natürlicher Überlegenheit, sondern Produkte symbolischer Macht. Sie werden durch Institutionen wie das Bildungssystem und die Kulturindustrie stabilisiert und reproduziert.

Bourdieus zentraler Befund lautet daher: Geschmack ist keine ästhetische Laune, sondern ein machtvoller Mechanismus sozialer Differenzierung. Er fungiert als Form symbolischer Gewalt, durch die soziale Gruppen auf subtile Weise voneinander getrennt und soziale Hierarchien legitimiert werden.

Bourdieu beschreibt eine Gesellschaft, in der kulturelle Praktiken nicht nur Differenz markieren, sondern aktiv zur Stabilisierung bestehender Hierarchien beitragen. Geschmack erscheint nicht als Spiegel individueller Freiheit, sondern als feines, dabei überaus wirksames Mittel sozialer Abgrenzung. In einer Gegenwart, in der kulturelle Produkte als Ausdruck persönlicher Identität vermarktet werden, bleibt die Frage nach der sozialen Funktion von Geschmack brisant: Distinktion wirkt weiterhin – unsichtbar, aber keineswegs machtlos.

2. Andreas Reckwitz und die Logik der Singularitäten

Im Kontrast zu Pierre Bourdieu, der die kulturelle Ordnung der Nachkriegsgesellschaft als Ausdruck eines kollektiv geprägten Klassenhabitus interpretiert, konstatiert Andreas Reckwitz in seinem einflussreichen Werk *Die Gesellschaft der Singularitäten* (2017) einen tiefgreifenden Strukturwandel. An die Stelle standardisierter, klassenbasierter Lebensstile tritt der Imperativ der Singularität. Die spätmoderne Gesellschaft, so Reckwitz' zentrale These, orientiert sich nicht mehr am Allgemeinen, sondern zunehmend am Einzigartigen, Besonderen und Unverwechselbaren – Kategorien, die im kulturellen Diskurs als Träger von Sinn und Wert fungieren. Der gesellschaftliche Wandel vollzieht sich folglich nicht mehr im Zeichen kollektiver Konformität, sondern in der Hinwendung zur Individualisierung und Differenzierung der Lebensformen, deren Legitimität sich aus ihrer Singularität und kulturellen Aufladung speist.

2.1 Von der Logik des Allgemeinen zur Logik des Besonderen

Die klassische Moderne, so Reckwitz, war geprägt von der „Logik des Allgemeinen". Diese Epoche zeichnete sich durch standardisierte Produktionsverfahren, massenhaft konsumierte Güter sowie normierte Lebensverläufe aus. Industriearbeit, Konsumgewohnheiten und nationale Bildungsbiografien folgten uniformen Mustern, und die sozialen Identitäten der Individuen waren in Großkategorien wie „Arbeiter", „Hausfrau" oder „Intellektueller" verankert. Diese Klassenidentitäten bildeten die Basis kultureller Praktiken und ermöglichten eine kollektive Orientierung. Auch kulturelle Erzeugnisse jener Zeit waren dem Prinzip der Massentauglichkeit verpflichtet: Ihr Wert bemisst sich an ihrer Reproduzierbarkeit, Normierbarkeit und ihrer Anschlussfähigkeit an die breite Öffentlichkeit.

Mit dem Eintritt in die Spätmoderne diagnostiziert Reckwitz eine fundamentale Verschiebung hin zur „Logik der Singularität". Gesellschaftliche Ordnungen werden nicht länger durch Gemeinsamkeiten strukturiert, sondern durch Differenzen und Besonderheiten. Anstelle der Massenproduktion identischer Güter tritt eine Ökonomie der Vielfalt: Konsum, Lebensstil und Selbstentwurf orientieren sich nun am Prinzip des Unvergleichlichen. Der Wert eines Gegenstands oder einer Erfahrung bemisst sich nicht mehr an der Übereinstimmung mit einem allgemeinen Standard, sondern an seiner Abweichung davon – am Grad seiner Singularität. Beispiele hierfür reichen vom handgerösteten Kaffee aus der lokalen Mikrorösterei über die exklusive Fernreise ins entlegene Dorf bis zum kuratierten Lebenslauf, der durch Auslandsaufenthalte und Gründungserfahrungen veredelt wird. Singularität avanciert so zur zentralen Kategorie kultureller Wertzuschreibung.

Dieser Wandel durchdringt nicht nur die materielle, sondern auch die immaterielle Sphäre der Gesellschaft. Reckwitz spricht in diesem Zusammenhang von einer „Kulturökonomie der Singularitäten", in der auch Städte nicht mehr über ihre funktionale Infrastruktur oder ökonomische Stärke konkurrieren, sondern über ihr symbolisches Kapital: kulturelles Flair, ästhetische Einzigartigkeit, exklusive Atmosphäre. An die Stelle traditioneller Klassenbindungen treten sogenannte „Lebensstilcluster" und „Identitätsnischen". Diese emergenten sozialen Formationen konstituieren sich über die Rezeption,

Produktion und Zirkulation von Singularitäten – Prozesse, die zunehmend über digitale Plattformen wie Instagram, Airbnb oder Spotify gesteuert, bewertet und kuratiert werden. Diese Plattformen fungieren dabei als Infrastrukturen kultureller Sichtbarkeit, indem sie Singularitäten inszenieren und zugleich ihren ökonomischen wie symbolischen Wert steigern.

2.2 Die neue Mittelklasse und das Kreativitätsregime

Im Zentrum dieser kulturellen Transformation steht für Reckwitz die neue akademische Mittelklasse. Sie bildet das Trägersubjekt einer spätmodernen Kultur, deren Leitwerte Selbstentfaltung, Kreativität, Authentizität und kulturelle Reflexivität sind. Ihre gesellschaftliche Bedeutung bemisst sich dabei weniger an ökonomischer Macht als an ihrer hegemonialen Position im symbolischen Raum. Der „neue Habitus" dieser Klasse markiert einen Bruch mit der bourdieuschen Klassenästhetik der Distinktion: Er beruht nicht länger auf exklusiven Geschmackskodes, sondern auf einer Ästhetik des offenen Horizonts. Kosmopolitismus, Polyglossie und selektive kulturelle Aneignung konstituieren die feingliedrige Struktur ihrer Lebensführung.

Die Konstruktion sozialer Identität erfolgt dabei nicht mehr durch kollektive Zugehörigkeit, sondern durch die permanente Performanz individueller Einzigartigkeit. Singularität ist hier nicht Ausnahme, sondern normativer Anspruch. Der Habitus dieser neuen Mittelklasse ist hochgradig stilisiert, differenziert und auf kulturelle Feinjustierung ausgerichtet: Er manifestiert sich im „Herkunftskaffee" statt des herkömmlichen Filterkaffees, im „Urban Gardening" anstelle des traditionellen Schrebergartens, in der Rezeption von Literaturfestivals statt populärer Fernsehunterhaltung. Der Wandel vollzieht sich dabei nicht durch offene Machtausübung, sondern durch subtile Transformationsprozesse, in denen neue Formen kultureller Autorität etabliert werden.

Gleichwohl bleibt die Logik der Abgrenzung erhalten. Auch wenn Reckwitz von einer „Affirmation des Besonderen" spricht und sich vom Modell klassischer Dominanz absetzt, ist der Zugang zur Welt der Singularitäten sozial ungleich verteilt. Die Fähigkeit, Singularitäten zu generieren, zu kuratieren und zu konsumieren, ist an ökonomische wie kulturelle Ressourcen gebunden – darunter Zeit, Geld, Bildung, soziale Netzwerke und emotionale Kompetenzen. Für jene, die in prekären

Arbeitsverhältnissen leben oder an den Rändern der Gesellschaft positioniert sind, bleibt der Eintritt in die symbolischen Märkte der kulturellen Selbstveredelung weitgehend verschlossen. Die neue kulturelle Ordnung ist insofern nicht weniger exklusiv als die alte – sie kodiert Exklusivität lediglich auf andere Weise. Die permanente Aufforderung zur Selbstinszenierung und Singularitätsproduktion fungiert als ein neues, performativ strukturiertes Exklusionsprinzip.

2.3 Die Paradoxien des Singularitätsregimes

Reckwitz' Analyse lässt sich nicht auf eine bloße Fortschreibung der bourdieuschen Theorie der Distinktion im Gewand der Spätmoderne reduzieren. Vielmehr zielt sie auf die Offenlegung der inneren Widersprüche und Ambivalenzen des Singularitätsregimes. Denn je mehr das Einzigartige zum gesellschaftlichen Ideal erhoben wird, desto stärker droht es, selbst zur Norm zu gerinnen. Singularitäten werden nicht nur hervorgebracht, sondern auch verwaltet: Sie werden gelabelt, kuratiert, kategorisiert – und dadurch standardisiert. Was als außergewöhnlich begann, gerät in die Logik der massenhaften Reproduzierbarkeit und verliert sukzessive seinen exklusiven Charakter. Das Einzigartige verkehrt sich in seine Entwertung: Es wird zur Ware unter vielen, das Besondere zur standardisierten Massenware.

Dieser Strukturwandel führt nicht nur zu einer Ökonomisierung des Besonderen, sondern auch zu neuen Formen von Konkurrenz, Überforderung und sozialer Fragmentierung. Der Imperativ der Einzigartigkeit erzeugt einen permanenten Leistungsdruck, der sich in Praktiken der Selbstoptimierung, der Selbstvermarktung und der digitalen Sichtbarmachung manifestiert. Die „Selbstmarke" muss kontinuierlich gepflegt, neu erfunden und im digitalen Raum konkurrenzfähig gehalten werden. Diese Anforderungen produzieren nicht nur neue Eliten kultureller Exzellenz, sondern schließen zugleich jene aus, die nicht über die nötigen Ressourcen verfügen, sich dem Regime der Singularität zu unterwerfen. Die spätmoderne Gesellschaft wird so – entgegen dem Versprechen individueller Selbstverwirklichung – zu einer Arena subtiler, aber wirkmächtiger Ungleichheit. Die neue Exklusion gründet nicht mehr auf starren Klassenstrukturen, sondern auf der Fähigkeit zur permanenten Selbstinszenierung im Wettbewerb um Einzigartigkeit.

Während Bourdieu die Nachkriegsgesellschaft durch einen kollektiv geteilten Klassenhabitus strukturiert sieht, beschreibt Reckwitz eine spätmoderne Gesellschaft, in der nicht Konformität, sondern Singularität zur zentralen sozialen Logik avanciert. Der kulturelle Wert entsteht nicht mehr aus der Übereinstimmung mit einem allgemeinen Standard, sondern aus dem performativen Ausdruck des Besonderen. Diese neue Ordnung ersetzt die klassischen Formen der sozialen Abgrenzung nicht, sondern transformiert sie: Die Distinktion verlagert sich von kollektiven Klassenmerkmalen zur individuellen Stilperformance. Das Regime der Singularitäten eröffnet damit zwar neue Möglichkeitsräume kultureller Selbstverwirklichung, reproduziert jedoch zugleich soziale Ungleichheiten in subtiler Form – über differenzierten Zugang zu den symbolischen Märkten der Sichtbarkeit und Selbstinszenierung.

3. Der Zusammenhang zwischen Bourdieus „Distinktion" und Reckwitz' „Singularitäten"

Im Zentrum des theoretischen Vergleichs zwischen Pierre Bourdieus *Distinktion* (1979) und Andreas Reckwitz' *Gesellschaft der Singularitäten* (2017) steht die Frage nach der Transformation sozialer Differenzierungsmechanismen: Wie wandelt sich eine kollektivistisch strukturierte Gesellschaft, die über habituelle Klassenlogiken funktioniert, hin zu einer spätmodernen Ordnung, die sich durch Individualisierung, Singularisierung und ästhetisierte Selbstverhältnisse auszeichnet? Beide Autoren widmen sich den Mechanismen sozialer Ungleichheit und deren kultureller Reproduktion – jedoch unter sehr unterschiedlichen historischen und gesellschaftstheoretischen Voraussetzungen. Die Differenz liegt dabei weniger im Gegenstand als in der Logik seiner Analyse: Bourdieu denkt in kollektiven Strukturen und sozialen Lagern, Reckwitz in individualisierten Performanzen und symbolökonomischen Märkten. Der Übergang von der klassisch-modernen zur spätmodernen Gesellschaft zeigt sich somit nicht nur in den Praktiken der Differenz, sondern in deren semantischer und struktureller Transformation.

3.1 Kollektive vs. individualisierte Differenzierung

Bourdieu analysiert die soziale Welt als ein Gefüge strukturierter Räume, in denen sich Klassen über habituelle Dispositionen und kulturelle Praktiken voneinander abgrenzen. Geschmack und ästhetische Vorlieben erscheinen in dieser Perspektive nicht als Ausdruck individueller Präferenz, sondern als Inkarnationen kulturellen Kapitals, das auf soziale Herkunft verweist und symbolische Grenzen markiert. Die feinen Unterschiede in Lebensstil, Konsumverhalten und ästhetischem Urteil sind nicht zufällig, sondern folgen der Logik sozialer Reproduktion: Sie sichern symbolische Dominanz und festigen bestehende soziale Hierarchien. Die Differenzierung erfolgt dabei nicht spektakulär oder aggressiv, sondern in subtilen, oft impliziten Praktiken des Alltags – im Habitus, der den Körper, die Sprache und das Verhalten formt. In dieser Gesellschaft ist die Zugehörigkeit zu einer Klasse die dominante Matrix der kulturellen Orientierung.

Reckwitz hingegen beschreibt eine Gesellschaft, in der die klassischen Klassenbindungen erodieren und durch eine neue Logik der Individualisierung ersetzt werden. In der spätmodernen Ordnung wird der soziale Status nicht mehr primär durch kollektive Zugehörigkeit, sondern durch die Fähigkeit zur Hervorbringung und zur Konsumtion von Singularitäten definiert. Was zählt, ist nicht länger die Angleichung an den kulturellen Kanon einer Klasse, sondern die performative Differenzierung von anderen – das Streben nach Authentizität, Kreativität und Einzigartigkeit. Die gesellschaftliche Differenz wird nicht aufgehoben, sondern in ein anderes Register überführt: Nicht mehr die soziale Lage strukturiert die kulturelle Praxis, sondern die Fähigkeit zur ästhetisch markierten Selbstinszenierung. In diesem Sinne ist die spätmoderne Gesellschaft nicht egalitärer, sondern lediglich anders segmentiert – über „Lebensstilcluster" und symbolökonomische Märkte, in denen Einzigartigkeit zur Ressource wird.

3.2 Habitus und die Ästhetisierung des Sozialen

Zentral für beide Theorien ist das Konzept des Habitus – doch während Bourdieu diesen als historisch sedimentiertes Dispositionssystem versteht, das aus der sozialen Herkunft hervorgeht und die Praktiken der Akteure unbewusst strukturiert, wird er bei Reckwitz zu einem flexibleren, kreativen Prinzip ästhetischer Selbstdarstellung. In Bourdieus Modell ist der Habitus ein Mechanismus sozialer Reproduktion: Er verankert das Subjekt in seiner sozialen Position und sorgt dafür, dass die gesellschaftliche Ordnung – trotz formal-demokratischer Offenheit – stabil bleibt. In Reckwitz' Gesellschaft der Singularitäten hingegen fungiert der Habitus als Medium der Individualisierung: Er ist nicht mehr Ausdruck kollektiver Zugehörigkeit, sondern Vehikel individueller Distinktion.

Dabei wird der Habitus nicht obsolet, sondern transformiert: aus einem Ausdruck sozialer Prägung wird eine Ressource ästhetischer Kuratierung. Der „kreative Habitus" der neuen Mittelklasse erlaubt es, Einzigartigkeit nicht nur zu verkörpern, sondern auch ökonomisch und kulturell zu kapitalisieren. Die sozialen Differenzen verlaufen nicht mehr entlang fester Klassengrenzen, sondern entlang der Fähigkeit, sich ästhetisch überzeugend als Ausnahmeerscheinung zu präsentieren. In diesem Wandel spiegelt sich nicht nur die Transformation sozialer Differenzierung, sondern auch eine Verschiebung im normativen Ideal gesellschaftlicher Partizipation: Nicht Zugehörigkeit, sondern Originalität wird zur Legitimationsquelle sozialer Anerkennung.

3.3 Transformation der sozialen Ungleichheit

Obgleich sich die Formen sozialer Differenz radikal verändern, bleibt deren Struktur in beiden Theorien auf Reproduktion angelegt. Bei Bourdieu zeigt sich soziale Ungleichheit in der Verteilung kultureller und symbolischer Ressourcen, die in alltäglichen Praktiken sedimentiert sind – in Kleidung, Sprache, Freizeitgestaltung, Konsumästhetik. Die feinen Unterschiede stabilisieren die soziale Ordnung, indem sie symbolische Grenzen errichten, die zwar unsichtbar erscheinen, aber wirksam exkludieren. Kulturelles Kapital fungiert dabei als Medium symbolischer Macht, das nicht nur kulturelle Partizipation, sondern auch sozialen Aufstieg reguliert.

Auch bei Reckwitz bleibt Ungleichheit ein zentrales Moment gesellschaftlicher Ordnung, allerdings in transformierter Gestalt. Die symbolische Ökonomie der Singularitäten verspricht zwar Individualisierung, erzeugt aber neue Exklusionsmechanismen. Der Zugang zu Märkten der Singularität – ob kulturell, digital oder urban – ist ungleich verteilt und an sozioökonomische Voraussetzungen gebunden: Bildung, Zeit, Geld, emotionale Kompetenzen und soziale Netzwerke. Während in der klassischen Moderne die Angleichung an kollektive Normen Voraussetzung sozialer Anerkennung war, wird in der spätmodernen Gesellschaft deren Überschreitung verlangt – jedoch unter Bedingungen, die nur ein Teil der Gesellschaft erfüllen kann. Die neue Form der Ungleichheit operiert subtiler, aber nicht weniger wirksam: Sie entsteht im Wettbewerb um Sichtbarkeit, Einzigartigkeit und kulturelle Relevanz – und differenziert die Gesellschaft nicht weniger rigide als der Klassenhabitus der klassischen Moderne.

Der Vergleich zwischen Bourdieu und Reckwitz verdeutlicht einen grundlegenden Wandel in der Logik sozialer Differenzierung: Während bei Bourdieu kollektive Klassenlagen und habitualisierte kulturelle Praktiken die Reproduktion sozialer Ungleichheit strukturieren, verlagert sich diese Differenzierungslogik bei Reckwitz auf das Feld individueller Singularisierung und performativer Selbstinszenierung. Die soziale Ungleichheit bleibt bestehen, doch ihr Mechanismus verschiebt sich – von der kollektiven Distinktion zur ästhetisierten Selbst-Differenzierung innerhalb symbolökonomischer Märkte.

4. Kritische Reflexion

Die Reflexion stellt die Analyse von kultureller Ungleichheit in eine kritische Spannung zu den gegenwärtigen gesellschaftlichen Entwicklungen. Es geht nicht nur darum, die Theorien von Bourdieu und Reckwitz als feste Entwürfe zu betrachten, sondern deren Relevanz und Widersprüchlichkeit im Kontext einer sich fortwährend transformierenden Gesellschaft zu hinterfragen. Die Frage nach der Gültigkeit dieser Konzepte muss die Paradoxien der kulturellen Ungleichheit aufnehmen – eine Ungleichheit, die sich ständig selbst überholt und in neuen Formen verschiebt. In dieser Auseinandersetzung wird die Anwendung der Theorien als dialektische Bewegung verstanden, die sich zwischen den Widersprüchen der Gegenwart und den Relikten vergangener Formierungen bewegt. Adornos Kritik an der Versöhnung von Theorie und Praxis findet hier ihre Resonanz: Die Theorien müssen in ihrer Fähigkeit zur Aufdeckung gesellschaftlicher Widersprüche immer wieder neu geprüft werden.

Was bleibt von Bourdieus Analyse im Zeitalter der Singularitäten bestehen?

Die Relevanz von Bourdieus Analyse der sozialen Differenzierung und Ungleichheit bleibt auch im Kontext der Singularitäten unvermindert hoch. Besonders hervorzuheben ist sein Konzept der symbolischen Gewalt sowie die ungleiche Verteilung von Kapital. Auch wenn sich die sozialen Dynamiken durch die fortschreitende Individualisierung und den Übergang von kollektivistischen hin zu individualisierten gesellschaftlichen Strukturen verändert haben, stellt Bourdieus Theorie nach wie vor ein unverzichtbares Fundament für das Verständnis der Mechanismen sozialer Macht und Ungleichheit dar. In einer Zeit, in der Singularität selbst als eine neue Form von Kapital gilt, lässt sich dieser neue Mechanismus nicht losgelöst von den klassischen Formen sozialer Ungleichheit begreifen, die Bourdieu mit scharfsinniger Präzision analysierte.

Die Konzepte des kulturellen Kapitals und der symbolischen Gewalt bleiben weiterhin von zentraler Bedeutung, um zu verstehen, wie soziale Unterschiede nicht nur durch ökonomische, sondern auch durch kulturelle und symbolische Ressourcen aufrechterhalten und reproduziert werden. Bourdieus Theorie der symbolischen Gewalt bietet nach wie vor entscheidende Einsichten in die subtilen, oft unsichtbaren Mechanismen sozialer Exklusion, die auch im Kontext der Singularitäten nicht verschwunden sind. Gerade in diesem Kontext bleibt die Frage nach der legitimen und unlegitimen Nutzung von kulturellen Ressourcen und Symbolen weiterhin von fundamentaler Bedeutung. Die Fähigkeit, sich als einzigartig oder authentisch zu inszenieren, ist keineswegs eine Frage individueller Kreativität allein, sondern hängt wesentlich von den sozialen und kulturellen Ressourcen ab, die einem Individuum zugänglich sind – und diese Ressourcen sind, wie Bourdieu eindrucksvoll beschreibt, nach wie vor ungleich verteilt.

Dennoch darf nicht unbeachtet bleiben, dass sich die Akteure des sozialen Raums durch den Aufstieg der Singularität in ihrer Inszenierung und Selbstpräsentation deutlich verändert haben. Die Dynamik der sozialen Differenzierung hat sich verschoben, und es bedarf einer Erweiterung der ursprünglichen Theorie Bourdieu's, die durch eine verstärkte Fokussierung auf dynamische, performative und marktgetriebene Aspekte ergänzt werden muss – Aspekte, die Reckwitz in seiner Analyse der Singularitäten präzise aufgreift und detailliert beschreibt.

Ist Reckwitz' Diagnose eine bloße „Oberflächenästhetik" der Ungleichheit oder deckt sie reale Verschiebungen auf?

Reckwitz' Diagnose, dass die soziale Ungleichheit in der spätmodernen Gesellschaft zunehmend durch Singularität und ästhetische Differenzierung geprägt wird, könnte auf den ersten Blick als eine Art „Oberflächenästhetik" der Ungleichheit interpretiert werden. Sie beschreibt in der Tat die oberflächlichen Erscheinungsformen der sozialen Dynamiken, ohne zunächst tiefere strukturelle Veränderungen zu berücksichtigen. Doch eine solche Interpretation greift zu kurz. Reckwitz geht weit über die bloße Betrachtung von Modeerscheinungen hinaus und verweist explizit auf die strukturellen Veränderungen, die durch die zunehmende Marktverwertung von Kreativität und Singularität ausgelöst werden.

Reckwitz' Theorie beleuchtet den Prozess der Selbstinszenierung, der in der gegenwärtigen Gesellschaft eine zentrale Rolle spielt, und zeigt auf, wie der Zugang zu Singularität und der Fähigkeit, diese in einem Wettbewerb um Anerkennung zu produzieren, einen entscheidenden sozialen Vorteil verschafft. Wer es versteht, sich als einzigartig und kreativ zu inszenieren, hat nicht nur den Zugang zu sozialen und kulturellen Ressourcen, sondern profitiert auch von materiellen und symbolischen Gewinnen. In diesem Prozess geht es jedoch nicht nur um oberflächliche ästhetische Differenzierungen, sondern auch um tiefgreifende Fragen der sozialen Exklusion und des Zugangs zu entscheidenden kulturellen Ressourcen.

Dieser Prozess der Singularisierung ist jedoch keineswegs allen gleichermaßen zugänglich. Die Fähigkeit, sich als authentisch zu präsentieren und Singularität zu inszenieren, setzt eine Vielzahl von sozialen und ökonomischen Ressourcen voraus, die keineswegs gleichmäßig verteilt sind. Insofern bietet Reckwitz' Diagnose mehr als eine oberflächliche Betrachtung; sie eröffnet eine tiefere, nuancierte Perspektive auf die neuen, subtilen Mechanismen sozialer Exklusion, die aus der ungleichen Verteilung von kulturellen und sozialen Ressourcen resultieren.

Gefährdung durch neue Exklusionsmechanismen: Wer kann sich Singularität leisten?

Die Frage, wer sich Singularität leisten kann, stellt einen der zentralen Brennpunkte dar, wenn es darum geht, Reckwitz' Konzept der Singularität in seiner vollen Tragweite zu begreifen. In einer Welt, die zunehmend durch den Diskurs der Individuation und ästhetischen Differenzierung geprägt ist, stellt sich die drängende Frage, wie diese Prozesse die sozialen Ungleichheiten verschärfen und transformieren. Die Fähigkeit, sich als einzigartig zu präsentieren, eine authentische Identität zu entwickeln und sich als Singularität in der Gesellschaft zu positionieren, ist in hohem Maße von sozialen, kulturellen und ökonomischen Ressourcen abhängig.

Bildung, der Zugang zu kreativen Feldern und die Verfügung über materielle Ressourcen sind nach wie vor entscheidende Faktoren, die über den Erfolg im Wettbewerb um Singularität entscheiden. Wer aus bildungsfernen Schichten stammt oder keine finanziellen Mittel besitzt, um an den kulturellen und symbolischen Prozessen der Gesellschaft teilzunehmen, wird von der Möglichkeit ausgeschlossen, Singularität zu inszenieren. Diese Exklusion manifestiert sich nicht nur in der ungleichen Verteilung ökonomischen Kapitals, sondern auch im Zugang zu kulturellem Kapital und der Fähigkeit zur Selbstvermarktung, die in einer Gesellschaft, die zunehmend von Social Media und anderen Plattformen der Selbstdarstellung dominiert wird, von zentraler Bedeutung sind.

Insofern wird die Singularität selbst zu einem neuen Mechanismus der Exklusion, der die traditionellen Formen sozialer Ungleichheit mit modernen, subtileren Formen sozialer Abgrenzung kombiniert. Wer über die richtigen sozialen Netzwerke, die passenden kulturellen Codes und die Fähigkeit verfügt, sich in den Medien und sozialen Plattformen erfolgreich zu inszenieren, hat einen entscheidenden Vorteil – während diejenigen, die nicht in der Lage sind, sich als Singularität zu präsentieren, von der gesellschaftlichen Anerkennung weitgehend ausgeschlossen bleiben.

Rückbindung an aktuelle gesellschaftliche Phänomene: Social Media, urbane Milieus, Identitätspolitik, Bildung

Die Analyse von Bourdieus und Reckwitz' Theorien erweist sich als besonders fruchtbar im Hinblick auf die gegenwärtigen gesellschaftlichen Phänomene, die in den Bereichen Social Media, urbane Milieus, Identitätspolitik und Bildung prägende Entwicklungen erfahren. Social Media hat sich längst zu einer zentralen Plattform der Selbstinszenierung und Identitätskonstruktion entwickelt. Plattformen wie Instagram, YouTube und TikTok sind längst nicht mehr nur Austauschorte, sondern fungieren vor allem als Marktplätze für Singularitäten, auf denen Individuen ihre Einzigartigkeit zur Schau stellen, ihre eigene Marke aufbauen und sich in einem globalen Wettbewerb um Authentizität messen.

In diesem digitalen Raum wird Reckwitz' Konzept von Singularität als Kapital auf eindrucksvolle Weise sichtbar: Die Fähigkeit, sich als „authentisch" oder „einzigartig" darzustellen, verschafft denjenigen, die über die nötigen Ressourcen verfügen, einen klaren sozialen Vorteil. Gleichzeitig zeigt sich jedoch, wie diese Art der Singularität mit sozialen Exklusionsmechanismen einhergeht. Wer keine Möglichkeiten hat, sich in diesem Wettbewerb um Authentizität und Sichtbarkeit zu behaupten, bleibt unsichtbar und wird weitgehend aus der gesellschaftlichen Anerkennung ausgeschlossen.

Auch die Diskussionen um Identitätspolitik und die sozialen Milieus in urbanen Räumen verdeutlichen die Aktualität der Theorien von Bourdieu und Reckwitz. Identitätspolitik, die oft im Kontext von Anerkennung und Selbstverwirklichung diskutiert wird, ist eng mit der Produktion von Singularität verbunden. In städtischen Milieus, in denen kulturelle Ausdrucksformen und ästhetische Differenzierungen als Statussymbole gelten, sind die Möglichkeiten zur Herstellung von Singularität oftmals eng mit den sozialen und kulturellen Ressourcen verbunden, die ein Individuum besitzt.

Zusammenfassend lässt sich festhalten, dass sowohl Bourdieu als auch Reckwitz nach wie vor grundlegende theoretische Werkzeuge zur Analyse gegenwärtiger gesellschaftlicher Dynamiken bereitstellen. Während Bourdieu die tief verwurzelten Mechanismen sozialer Differenzierung und Ungleichheit aufdeckt, analysiert Reckwitz die Veränderungen dieser Mechanismen im Zeitalter der Singularitäten und bietet damit einen entscheidenden Beitrag zum Verständnis moderner sozialer Exklusion und Differenzierung.

5. Die Weiterentwicklung der Theorie sozialer Ungleichheit im Kontext der Singularitäten

Die Verschiebung von Bourdieus Modell sozialer Differenzierung hin zu Reckwitz' Konzept der Singularität mag auf den ersten Blick als eine Neubewertung des altbekannten Problems sozialer Ungleichheit erscheinen – ein Problem, das nun in die Ästhetik der Gegenwart integriert ist. Während Bourdieu die symbolische Gewalt und die ungleiche Verteilung von Kapital analysiert und damit das Überleben sozialer Strukturen in einer vermeintlich postklassistischen Gesellschaft aufdeckt, diagnostiziert Reckwitz eine Verdopplung dieser Ungleichheiten, die nun durch die neoliberale Logik der Individualisierung geprägt sind. Die Singularität wird zu einem neuen Kapital, das nicht nur im sozialen Raum zirkuliert, sondern diesen zugleich neu strukturiert. Die Differenz, die einst ökonomisch war, manifestiert sich nun über Ästhetik und Selbstinszenierung.

Jedoch ist die Zäsur zwischen diesen beiden Denkfiguren nicht als bloßer Übergang von einer Theorie der Klassengesellschaft zu einer Theorie der Singularität zu begreifen. Diese Verschiebung ist vielmehr ein dialektisches Problem, das den Kern der sozialen Differenzierung in der Moderne betrifft. Bourdieus Analyse der symbolischen Gewalt offenbart die Mechanismen, durch die Kapital in seinen verschiedenen Formen – ökonomisch, kulturell und sozial – ungleich verteilt wird. Doch stellt er nicht die grundlegende Frage nach der Legitimierung dieses Kapitals im Rahmen ästhetischer Differenzierung, wie sie in Reckwitz' Konzept der Singularität eine zentrale Rolle spielt. Hier tritt das Paradox der Gegenwart zutage: Die Singularität, als Ausdruck der Möglichkeit der Selbstinszenierung und Selbstdefinition, wird selbst zur neuen Form sozialer Exklusion. Sie verlangt genau die Ressourcen, die sie zu begehrenswertem Kapital machen – die gleichen Ressourcen, die den Zugang zu dieser Singularität bestimmen.

Bourdieu lehrt uns, dass soziale Differenzierung niemals nur als Frage der „Differenz" im Sinne von Vielfalt verstanden werden kann. Sie ist immer das Resultat von Gewaltverhältnissen, die sich über die Verteilung von Kapital manifestieren, welches seinerseits in symbolische Gewalt übergeht. Reckwitz' Konzept der Singularität erweitert diese Fragestellung und bringt eine neue Perspektive ein. Die Frage nach der Herkunft und dem Zugang zu Singularitäten ist untrennbar mit den ästhetischen Normen verbunden, die im Zeitalter der digitalen Inszenierung und sozialen Medien zunehmend die soziale Hierarchie prägen. Diese Singularität ist nicht neutral oder abstrakt; sie wird konkretisiert durch kapitalistische Logiken der Kreativwirtschaft, die die Marktverwertung von Authentizität und ständige Selbstvermarktung, vorangetrieben durch Plattformen wie Instagram, TikTok oder YouTube, umfasst. Die ästhetische Differenzierung, die über symbolische Repräsentation und Selbstinszenierung erfolgt, reproduziert soziale Differenzen, die ursprünglich ökonomischer Natur waren.

Vor diesem Hintergrund stellt sich die Frage, ob diese neue Form sozialer Ungleichheit, die auf der Fähigkeit beruht, sich als einzigartig zu präsentieren, nicht nur eine Maskerade der alten Ungleichheiten darstellt. Die Fähigkeit, Singularität zu inszenieren, ist im Wesentlichen die Fähigkeit, sich in einem kapitalistischen Markt zu positionieren, dessen Erfolg durch die Ressourcen bestimmt wird, die notwendig sind, um auf diesem Markt erfolgreich zu agieren. Wer über die erforderlichen kulturellen Ressourcen verfügt – etwa Zugang zu Netzwerken, Bildung oder medialer Präsenz – kann sich als authentisch und einzigartig inszenieren. Wer diese Ressourcen nicht besitzt, bleibt von der Bühne der Singularitäten ausgeschlossen.

Die Dialektik zwischen Bourdieu und Reckwitz ist mehr als eine bloße Erweiterung oder Ergänzung der bestehenden Theorie. Vielmehr wird hier das tiefere Problem sozialer Ungleichheit sichtbar: Die soziale Differenzierung bleibt bestehen, jedoch verändert sie ihre Form und wird durch die Singularität als neues Kapital – als ästhetisches, performatives Kapital – verschärft. Die Frage lautet jedoch, ob diese neue Form von Exklusion tatsächlich als neue Ebene sozialer Ungleichheit verstanden werden kann, oder ob sie vielmehr eine „verfeinerte" Form der alten Ungleichheit darstellt, die sich nun hinter der Fassade von Individualität und Ästhetik verbirgt.

Die gegenwärtige gesellschaftliche Situation, gekennzeichnet durch die Expansion sozialer Medien, die Dynamik urbaner Milieus und die Verschiebung politischer Diskurse hin zur Identitätspolitik, stellt ein klares Beispiel für die Relevanz beider Theorien dar. Bourdieu zeigt uns, dass die Grundlage sozialer Ungleichheit tief in den strukturellen Verhältnissen verankert ist, die auch in scheinbar ästhetischen

Differenzen fortbestehen. In diesem Sinne versucht Reckwitz, diese Differenz weiter zu durchdringen und zu verstehen, wie sie sich in einer Gesellschaft manifestiert, die sich zunehmend um Selbstinszenierung und die Konstruktion von Singularitäten dreht.

Für Reckwitz wird die Singularität zur neuen Form der Differenzierung und des sozialen Ausschlusses – jedoch ist sie mehr als eine bloße Oberflächenästhetik. Sie ist Ausdruck eines tiefgreifenden gesellschaftlichen Wandels, der nicht nur die Medien, die Kulturindustrie und die soziale Mobilität betrifft, sondern auch die Struktur des sozialen Feldes selbst. In der Dialektik von Bourdieu und Reckwitz wird sichtbar, dass Singularität und soziale Differenz nicht nur koexistieren, sondern in einem paradoxen und ineinandergreifenden Prozess stehen, der die Komplexität der gegenwärtigen Ungleichheit aufgreift und zugleich die Frage nach ihrer Überwindung stellt.

DIE TOTALITÄT DES KAPITALISMUS

Totalität als verschleiertes Prinzip

Die Kapitalismusanalyse von Nancy Fraser in ihrem Werk *Der Allesfresser* bietet einen tiefgehenden Blick auf das gegenwärtige Gesellschaftssystem, dessen Herrschaftsmechanismen nicht länger allein als ökonomische, sondern als gesellschaftliche Totalität erscheinen. Der Kapitalismus wird nicht mehr als bloßer Wirtschaftsmodus begriffen, sondern als eine selbstbezügliche Form gesellschaftlicher Organisation, deren Grundprinzip nicht mehr in der dominanten Repression einer klar identifizierbaren herrschenden Klasse besteht, sondern in einer universellen Integration aller gesellschaftlichen Sphären unter der Logik des Marktes. Diese Verschiebung wird von Fraser anhand des „Allesfressers" als Metapher verständlich gemacht: Eine Struktur, die in ihrer Verwertungsoffenheit alles absorbiert, alle Differenzen, Widerstände und potenziellen Subversivitäten inkorporiert, um sie in den Dienst der Aufrechterhaltung des Systems zu stellen.

Der Kapitalismus hat, so Fraser, die Fähigkeit zur Selbstwiederherstellung perfektioniert, indem er alles, was ursprünglich als extern oder heteronom galt – seien es moralische Werte, kulturelle Praktiken oder soziale Identitäten – in seine Logik der Verwertung integriert. Was als Kritik am Kapitalismus erscheint, wird auf diese Weise unaufhörlich in die Systemlogik zurückgeführt. In der neoliberalen Gesellschaft ist daher der Widerstand selbst zum Teil der Gesamtordnung geworden. Diese Entwicklung, so Fraser, stellt nicht nur die Konsolidierung einer neuen Form von Herrschaft dar, sondern auch die Abschaffung jeglicher Möglichkeit einer strukturellen Alternative, die den Kapitalismus als Totalität überwinden könnte. Diese postmoderne Form der Herrschaft ist von der traditionellen repressiven Gewalt entfernt: Sie operiert nicht mehr durch offenen Zwang, sondern durch die flexible Durchdringung aller Lebensbereiche. Was Fraser als „Totalität im Verborgenen" bezeichnet, ist die Fähigkeit des Kapitalismus, sich über alle gesellschaftlichen Sphären hinweg zu verbreiten und diese zu durchdringen – von der Politik über die Kultur bis hin zur sozialen Reproduktion – ohne dass die Subjekte sich dessen unmittelbar bewusst sind.

Dabei versteht Fraser den Kapitalismus nicht als bloßen ökonomischen Mechanismus, sondern als eine gesellschaftliche Formation, die durch die Inkorporation von Diversität, Differenz und pluralistischen Elementen die Möglichkeit einer Emanzipation neutralisiert. Was als „Vielfalt" oder „Pluralismus" erscheint, verwandelt sich in diesem System schnell in eine neue Form von Homogenität, da sie alle sozialen Dynamiken auf die Logik der Verwertung und Konsumtion zurückführt. Die Integration der Differenz bedeutet nicht deren Befreiung, sondern deren „Re-Integration" in die bestehende gesellschaftliche Ordnung. Fraser sieht hierin den zentralen Mechanismus, der das spätkapitalistische System so stabil macht: Es schafft eine Welt, in der der Widerspruch zur bestehenden Ordnung nicht mehr einfach negiert wird, sondern durch seine Umwertung und Anpassung an die bestehende Struktur neutralisiert wird.

Diese Entwicklung ist jedoch nicht nur eine Diagnose des „Allesfressers", sondern eine theoretische Auseinandersetzung mit der Struktur des Kapitalismus in der Postmoderne: Eine Analyse, die aufzeigt, wie der Kapitalismus seine eigenen Prinzipien von Differenz und Anerkennung assimiliert, um sie zu funktionalen Instrumenten der Stabilisierung zu machen. Hierin liegt auch die dialektische Wende, die Fraser im Vergleich zu traditionellen Marxismen zieht: Die Totalität des Kapitalismus ist nicht mehr eine bloße Ökonomie, sondern durchdringt alle gesellschaftlichen Dimensionen. Die Systemkritik darf daher nicht mehr auf isolierte gesellschaftliche Teilbereiche eingegrenzt werden, sondern muss die strukturellen Verhältnisse in ihrer gesamten Konstitution begreifen.

Frasers kritische Theorie ist somit eine negative Ontologie der Gegenwart, in der sie das „allesfressende" Prinzip des Kapitalismus als die eigentliche Grundlage einer „normalen" Krisenproduktion begreift. Krisen sind in dieser Logik nicht zufällig oder außergewöhnlich, sondern konstitutive Bestandteile einer Struktur, deren Selbstbewahrung stets auf der Zerstörung ihrer eigenen Voraussetzungen basiert.

Die Kapitalismusanalyse wird bei Fraser zur Analyse einer dialektischen Bewegung, die nicht nur aus äußeren Bedingungen hervorgeht, sondern aus der strukturellen Logik des Systems selbst, das sich durch seine Fähigkeit zur permanenten Reproduktion auch auf seine eigentlichen Destruktivkräfte stützt.

Indem sie diese Ausweitung kapitalistischer Logik entlarvt, bietet Fraser eine unerschrockene Diagnose einer Welt, die sich nicht mehr nach den Prinzipien von Wahrheit, Gerechtigkeit oder Subjektivität ausrichtet, sondern nach der Systemlogik der Verwertung. Die Herausforderung, die aus dieser Diagnose folgt, ist nicht nur eine empirische Analyse der gegenwärtigen Ordnung, sondern die Erarbeitung eines theoretischen Rahmens, der die Bedingungen einer Praxis jenseits dieser Totalität auslotet.

I. Krise als Strukturprinzip:
Zur dialektischen Natur multipler Zersetzung

Was sich gegenwärtig als Pluralität von Krisen darstellt – ökologische Verwüstung, soziale Reproduktionserosion, Legitimitätsverfall und Repräsentationskrise –, ist bei näherer Betrachtung nicht Ausdruck externer Erschütterungen, sondern Immanenzform eines Systems, dessen Stabilität sich gerade aus seiner strukturellen Instabilität speist. Fraser dekonstruiert die semantische Figur der Krise als Ausnahmezustand und legt darin das eigentliche Movens einer kapitalistischen Gesellschaftsformation frei, die in der permanenten Überschreitung ihrer Grenzen ihre eigene Reproduktionslogik betreibt.

Diese Dynamik ist kein Versagen von Planung oder Politik, sondern Ausdruck eines historischen Programms, das seine Ressourcen nicht bewahrt, sondern verschleißt. Die kapitalistische Moderne, so ließe sich mit Adorno sagen, lebt vom „Raubbau an der Möglichkeit von Versöhnung" – ökonomisch durch Externalisierung sozialer und ökologischer Kosten, politisch durch die Entleerung demokratischer Formen, subjektiv durch die Enteignung der Lebenszeit. Die „multiplen Krisen" sind in diesem Sinne nicht additiv, sondern strukturell vermittelt: als Ausdruck einer Totalität, deren Selbsterhalt die sukzessive Destruktion ihrer Voraussetzungen notwendig macht.

Frasers Analyse verweigert sich der Differenzierung in „System- vs. Lebenswelt" oder „Ökonomie vs. Moral". Stattdessen betont sie den interdependenten Charakter jener Sphären, deren Fragmentierung selbst bereits Produkt ökonomischer Rationalisierung ist. Die dialektische Bewegung des Kapitals besteht heute nicht in der Konfrontation mit einem äußeren Anderen, sondern in der sukzessiven Aneignung all dessen, was vormals als nichtökonomisch galt: Sorge, Fürsorge, Natur, Sinn. Das Außen wird zum Innen, die Grenze zur Schwelle, das Andere zur Ressource.

Hier deutet sich eine Verschiebung an, die Adornos Diagnose vom „gesellschaftlichen Naturverhältnis" neu aufruft. Was sich als Natur präsentiert – der „Sachzwang" globaler Märkte, das „Unvermeidliche" des Wachstums, die angebliche Alternativlosigkeit neoliberaler Staatsräson – ist stets schon ein gesellschaftlich gesetzter Zustand, ein „Verhängnis, das von Menschen gemacht ist und doch über sie kommt" (Adorno). Fraser rekonstruiert diese Gemachtheit als historisch-materiale Gewalt, die im Gewand der Effizienz und Rationalität auftritt, aber ihre irrationalen Grundlagen – Ausbeutung, Entwertung, Externalisierung – nicht überschreitet, sondern perpetuiert.

Indem Krise als Dauerzustand sichtbar gemacht wird, erscheint auch Widerstand in neuem Licht: Nicht als bloße Reaktion auf Ausnahme, sondern als Notwendigkeit in der Permanenz. Die Konzeption kritischer Praxis darf sich in dieser Konstellation nicht mehr auf punktuelle Interventionen beschränken. Sie muss – so die Konsequenz aus Frasers Diagnose – den Zusammenhang selbst problematisieren: die Logik einer Totalität, die nur durch ihre Selbstverzehrung existiert.

II. Die Identität als Ware:
Zur Dialektik von Anerkennung und Verblendung

Wenn Anerkennung zur Signatur des Fortschritts wird, aber von ihrer sozialen Grundierung getrennt bleibt, dann verwandelt sich Differenz von einer historischen Forderung in eine ökonomische Strategie. Fraser dekonstruiert jene Form der Anerkennungspolitik, die – im Zeichen postmoderner Pluralität – das Versprechen der Emanzipation auf das Terrain symbolischer Repräsentation verlagert hat. Anerkennung wird zur Leerform, wenn sie strukturelle Ungleichheiten nicht negiert, sondern überlagert. In dieser Dialektik gerinnt Differenz zur Oberfläche, Vielfalt zur Ware, Identität zur Managementressource.

Die Verschiebung vom Paradigma der Umverteilung hin zu jenem der Anerkennung ist dabei nicht bloß politischer Stilwechsel, sondern Ausdruck eines tiefgreifenden ökonomisch-kulturellen Wandels. Anerkennung ersetzt Gerechtigkeit, Repräsentation verdrängt materielle Teilhabe – nicht in böser Absicht, sondern als systemimmanente Funktion neoliberaler Rationalisierung. Die Gleichheit vor dem Blick ersetzt die Gleichheit der Bedingungen, der Ruf nach Sichtbarkeit verschleiert die Unsichtbarkeit von Klassenverhältnissen. In diesem Zusammenhang zeigt sich die gefährliche Verwandlung der Identitätspolitik in ein Instrument der neoliberalen Herrschaftslogik, die das scheinbar progressive Streben nach Anerkennung zu einer Ware reduziert. Was als politische Emanzipation verkündet wird, entpuppt sich häufig als ein versteckter Zwang zur Anpassung an die Marktlogik des Selbstmanagements.

In dieser Konstellation erhält Adornos Figur der „verdinglichten Identität" erneute Aktualität. Identität, die einst als rebellisches Moment gegen hegemoniale Strukturen gedacht war, wird nun selbst zur Norm: als Pflicht zur Authentizität, als Imperativ der Sichtbarkeit, als Zwang zur ständigen Selbstvergewisserung im Modus der Performance. Das Ich wird zur Marke, das Subjekt zum Unternehmer seiner selbst, Differenz zur verkäuflichen Signatur. Was als Befreiung erscheint, ist oft nichts anderes als die subtilere Form der Unterwerfung – nicht durch Verbot, sondern durch Erwartung. Die neoliberale Ideologie der „Selbstverwirklichung" greift hier als unsichtbare Hand, die das scheinbar selbstbestimmte Subjekt in die kapitalistische Logik der Selbstausbeutung integriert. Identität wird zur Handelsware, die es zu vermarkten gilt, und Differenz wird nicht mehr als Widerstand, sondern als Differenzgewinn im Wettbewerb betrachtet.

Fraser verweist auf die gefährliche Ambivalenz eines Diskurses, der scheinbar alles inkludiert, aber nichts verändert. Die postidentitäre Gesellschaft verspricht Anerkennung, aber nur um den Preis der Entpolitisierung ihrer materiellen Grundlagen. Die „Vielfalt" bleibt formal, solange sie nicht mit struktureller Transformation verbunden ist. Anerkennung wird zur Simulation von Teilhabe, zur ästhetischen Reproduktion sozialer Ausschlüsse im Modus ihrer Aufhebung. Identitätspolitik wird so zur Verkörperung einer postmodernen Melancholie: sie bietet die Illusion der Veränderung, während sie in Wirklichkeit die bestehenden Verhältnisse bestätigt und stabilisiert. Im „Zirkus der Anerkennung" wird die Vielfalt nur zur Fassade des

Kapitalismus, dessen logische Struktur weiterhin Ausschluss und Ungleichheit produziert.

Kritische Theorie darf an dieser Stelle nicht bei der moralischen Kritik stehen bleiben. Ihre Aufgabe besteht darin, den Zusammenhang zwischen symbolischer Anerkennung und materieller Ungleichheit nicht zu kaschieren, sondern offen zu legen. Anerkennung, so ließe sich Frasers Position im Anschluss an Adorno und Horkheimer zusammenfassen, ist nur dann emanzipatorisch, wenn sie nicht das Symptom affirmiert, sondern die Ursache negiert. Wo sie das nicht tut, wird sie zur ideologischen Form – nicht als Lüge, sondern als Halbwahrheit, deren Affirmation gefährlicher ist als offene Verleugnung. Die Kritik an der Identitätspolitik muss daher über die bloße Ablehnung des postmodernen Diskurses hinausgehen und die Frage stellen, inwieweit diese Form der Politik tatsächlich die bestehenden Produktions-verhältnisse herausfordert oder sie vielmehr auf eine subtile Weise stabilisiert.

Die politische Konsequenz aus dieser Einsicht liegt in der Rückgewinnung eines Verständnisses von Subjektivität, das nicht in der Affirmation des Gegebenen aufgeht. Differenz, so Fraser, ist kein Selbstzweck. Ihre kritische Potenz erschöpft sich dort, wo sie zur Ware gerinnt – zur Differenz ohne Konflikt, zur Identität ohne Widerspruch. Kritik an dieser Stelle heißt nicht Rückkehr zu universalen Identitätskategorien, sondern Re-Konstitution einer Praxis, die Differenz nicht konsumiert, sondern politisiert – und dadurch erst radikalisiert. Eine solche Praxis müsste die tiefere ökonomische Dimension der Identitätspolitik aufdecken und in den Dienst einer grundlegenden gesellschaftlichen Transformation stellen.

III. Fortschritt als Regression:
Negative Dialektik des Neoliberalismus

Der Neoliberalismus tritt nicht als bloß ökonomische Doktrin auf, sondern als zivilisatorische Formation, deren Signatur in der Verwandlung von Kritik in Funktion, von Widerstand in Ressource, von Differenz in Steuerungswissen besteht. Die Erscheinung von Fortschritt – als Autonomie, als Emanzipation, als Vielfalt – wird dabei nicht etwa als Erfüllung aufklärerischer Versprechen lesbar, sondern als deren Zerrbild. Fortschritt wird zur Ideologie eines Zustands, in dem alle Alternative zum Status quo in die affirmative Immanenz der bestehenden Ordnung eingeklammert ist.

Fraser denkt diese Dialektik als historische Figur: Der Neoliberalismus lebt von der Mobilisierung kritischer Energien, die er zugleich entkernt und zur Stabilisierung seiner eigenen Grundlagen umformatiert. In dieser Wendung gewinnt der Begriff des Fortschritts eine doppelte Bedeutung – als leeres Signifikat des gesellschaftlichen Selbstverständnisses und als realer Mechanismus sozialer Regressionsprozesse. Fortschritt erscheint dort, wo die Zerstörung des Sozialen als Entwicklung, die Ausweitung von Prekarität als Flexibilisierung, die Erosion solidarischer Institutionen als Innovation gefeiert wird.

Dieser ideologische Prozess verweist auf eine strukturelle Homologie zur *Dialektik der Aufklärung*. Wie Adorno und Horkheimer das Umschlagen der Vernunft in Mythos beschrieben haben, lässt sich bei Fraser das Umschlagen der Anerkennung in Herrschaft rekonstruieren. Indem der moralische Impuls – Sichtbarkeit, Anerkennung, Repräsentation – von seiner materiellen Basis getrennt wird, wird er zur ideologischen Oberfläche einer Ordnung, die sich als inklusiv inszeniert, während sie Exklusion neu organisiert. Die Versöhnung mit dem Bestehenden vollzieht sich nicht trotz, sondern mittels des emanzipatorischen Vokabulars.

Die affirmative Ästhetik dieser Ordnung – die sich in einer allgegenwärtigen Rhetorik von Empowerment, Vielfalt und Chancengleichheit ausdrückt – ersetzt die Frage nach den Bedingungen der Möglichkeit des Sozialen durch ein betriebswirtschaftliches Verständnis von Teilhabe. Der Mensch wird nicht befreit, sondern formatiert; Subjektivität ist nicht Ort des Widerspruchs, sondern des performativen Selbstmanagements. Die politische Ökonomie des Neoliberalismus reproduziert sich gerade durch jene Subjektivitäts-formen, die vorgaben, sie zu kritisieren. Kritik selbst wird zur Ressource: als Format, nicht als Bewegung.

Die emanzipatorische Kritik, so Frasers implizite Mahnung, kann in dieser Konstellation nicht als affirmativer Appell überleben. Sie muss die Positivität des Fortschrittsbegriffs selbst in Frage stellen, ihn auf seine innere Negativität hin befragen. Der Gedanke gesellschaftlicher Totalität – einstmals in der Kritischen Theorie als Voraussetzung der Erkenntnis gedacht – wird hier neu belebt: nicht als abstrakte Ganzheit, sondern als Durchdringungsform der sozialen Welt, in der jede Differenz zur

Bestätigung des Ganzen gerät, solange sie nicht auf die Totalität der Verhältnisse zielt.

IV. Der „Allesfresser" als zweite Natur:
Kritik der instrumentellen Gesellschaft

Der „Allesfresser" ist keine bloße Metapher für ein übergriffiges System, sondern ein präzises Bild für die Logik einer Gesellschaft, die das vormals Andere – Care, Umwelt, Kultur, Subjektivität – nicht nur inkorporiert, sondern zu ihrem Produktionsverhältnis macht. Die Verwilderung des Ökonomischen durchdringt hier das gesamte gesellschaftliche Gewebe: nicht länger im Modus offener Gewalt, sondern als stille Kodifikation aller Lebensbereiche in marktkompatible Formen. Das vormals Residuale wird systemisch. Die Welt wird verwertbar bis in ihre feinsten Poren.

Adornos Begriff der *zweiten Natur* erhält in dieser Konstellation neue Schärfe: Die historische Gemachtheit gesellschaftlicher Formen tritt zurück hinter eine vermeintliche Natürlichkeit, deren Primat sich gerade durch ihre Alternativlosigkeit legitimiert. Was durch soziale Praxis entstand, erscheint als Gegebenes; was transformierbar wäre, wird entgeschichtlich, entpolitisiert, entwirklicht. Die Gesellschaft tritt auf wie Natur – nicht weil sie es ist, sondern weil sie es sein muss, um sich selbst zu stabilisieren.

Doch Fraser bleibt nicht beim Befund stehen. Ihre Analyse führt die Diagnose der instrumentellen Gesellschaft nicht in kulturkritische Verdüsterung über, sondern in den Versuch einer konzeptionellen Neuausrichtung des Politischen. Die Kritik am „Allesfresser" ist kein moralischer Appell an die Konsumenten, sondern eine systemtheoretisch fundierte Forderung nach Re-Strukturierung der politischen Ökonomie. Demokratisierung heißt hier: Entmonopolisierung der Entscheidungsmacht über Reproduktion, Ressourcen und Repräsentation – nicht als Wunschbild, sondern als historisch mögliche, institutionell fundierte Alternative.

Diese Form der *systemic critique* artikuliert sich jenseits der Polarisierung von Reform und Revolution: als Projekt der institutionellen Rekonstitution, das weder im affirmativen Status quo verbleibt, noch sich in utopischer Sprengkraft verliert. Der Markt ist dabei nicht Feindbild, sondern Ort der politischen Intervention – nicht um ihn zu negieren, sondern um ihn seiner Totalisierung zu entziehen. Was Fraser damit vorschlägt, ist nichts weniger als eine Rehabilitierung des Politischen als Praxis der Negation – nicht im Sinne bloßer Ablehnung, sondern als artikulierte Kritik gesellschaftlicher Verhältnisse, die sich in ihrer Kontingenz begreifbar und damit veränderbar machen lassen.

Der „Allesfresser" wird somit zur dialektischen Figur: Er zeigt an, dass die Totalisierung des Ökonomischen nicht Ausdruck von Stärke, sondern Symptom von Fragilität ist. Denn was alles frisst, kann sich nur erhalten, indem es alles verbraucht – auch sich selbst. Kritische Theorie, die diesen Prozess aufdeckt, handelt nicht aus dem Pathos der Totalverweigerung, sondern aus der Hoffnung auf Entkopplung: auf die Möglichkeit, das Leben von der Verwertung zu lösen, nicht jenseits der Gesellschaft, sondern in ihr, gegen sie, für sie.

V. Kritik als Entzauberung:
Entzauberung als Anfang der Praxis

Was Nancy Fraser in *Der Allesfresser* zur Darstellung bringt, ist nicht bloß eine Theorie der kapitalistischen Gesellschaft, sondern der Versuch, ihre Totalität in ihrer verselbstständigten Vielgestalt zu rekonstruieren – als Einheit des Heterogenen, deren innerer Zusammenhang sich gerade im Auseinanderfallen zeigt. In der fragmentierten Welt spätmoderner Lebensverhältnisse, in der Differenz als Versprechen auf Anerkennung firmiert, während sie zur Bedingung ihrer eigenen Vereinnahmung wird, insistiert Fraser auf der Möglichkeit einer Theorie, die nicht versöhnt.

In einer Zeit, in der Kritik entweder im Modus des moralischen Appells erstarrt oder sich als symbolische Ressource in den Warenkreislauf einfügt, gewinnt Frasers Zugriff seine eigentliche Schärfe: Nicht durch Anklage, sondern durch Strukturverständnis. Ihre systemische Analyse – intersektional, materialistisch, politisch – zielt auf jene verborgene Logik, durch die Reproduktion, Subjektivität und Natur zu bloßen Funktionseinheiten kapitalistischer Dynamik werden. Die Metapher des Allesfressers steht, in diesem Licht gelesen, nicht nur für ökonomische Expansion, sondern für die Verwandlung des Gesellschaftlichen in ein verdinglichtes Verhältnis zu sich selbst.

Von hier aus öffnet sich eine Perspektive, die der Kritischen Theorie eigentümlich bleibt: Emanzipation nicht als Setzung des Positiven, sondern als Arbeit am Negativen, als Festhalten an dem, was fehlt. Kritik, verstanden als Entzauberung, bedeutet hier nicht Desillusionierung, sondern Aufhebung jener Verschränkung von Affirmation und Herrschaft, die sich im Zeichen von Diversität und Individualität selbst zu verbergen sucht.

Frasers Arbeit legt damit den Finger auf eine Leerstelle gegenwärtiger Theorieproduktion: die Unfähigkeit, Totalität noch zu denken, ohne in Totalitarismusverdacht zu geraten. Ihre Antwort ist kein Rückfall in dogmatische Systemkritik, sondern die Forderung, jene Negativität ernst zu nehmen, die im Zentrum kapitalistischer Gesellschaft steht – ihre Abhängigkeit von dem, was sie nicht selbst hervorbringt, und was sie zugleich zerstört.

In der Sprache der Kritischen Theorie gesprochen: Es geht um die Rettung des Nicht-Identischen, um das Denken gegen die Tendenz zur vollständigen Verwertung. Frasers Essays lehren nicht, wie man handelt, sondern was es heißt, die Bedingungen des Handelns als geschichtlich-gesellschaftliche zu begreifen – und damit das Bestehende nicht länger als naturwüchsig zu nehmen. Darin liegt ihr eigentlicher Beitrag: Kritik nicht zu überhöhen, sondern als Möglichkeit offen zu halten – negativ bestimmt, reflexiv, widerständig. Nicht als Trost, sondern als Aufgabe.

DIE KRISE DER UNIVERSELLEN EMANZIPATION

Der Bruch mit dem Universalismus:
Identitätspolitik und die Herausforderung für eine linke Politik

Im Jahr 2025 befindet sich die politische Linke an einem Wendepunkt ihrer Geschichte: Während die Forderung nach gesellschaftlicher Gerechtigkeit in immer lauteren Tönen erhoben wird, zerfällt der Widerstand zunehmend in ein Geflecht partikularer, oft identitär definierter Gruppen. In ihrem Werk *Links ist nicht woke* stellt Susan Neiman eine tiefgreifende Verschiebung in der politischen Landschaft fest: Der Universalismus der Aufklärung, einst das tragende Fundament linker Emanzipationsbestrebungen, wird zunehmend von der Logik der Identitätspolitik verdrängt. Wo früher der Glaube an eine universelle, emanzipatorische Bewegung der Gesellschaft stand, dominiert nun das Primat individueller oder kollektiver Identitäten, die sich unter den Parolen der „Sichtbarkeit" und „Anerkennung" formieren. Doch diese Parolen, so scheint es, untergraben das Vertrauen in die Idee des Allgemeinen, des universalen Subjekts, das als Grundlage für eine transformative und solidarische Politik dienen könnte. Neiman erkennt in dieser Entwicklung einen Verrat an den grundlegenden Prinzipien der Linken, eine Wendung hin zu einem „Stammesdenken", das die Möglichkeit einer solidarischen Politik in den Abgrund der Fragmentierung führt. Anstatt das Gemeinsame zu betonen, verhärtet sich die Gesellschaft in ihrer Differenz und bietet wenig Aussicht auf eine umfassende, gesamtgesellschaftliche Emanzipation.

Für die Kritische Theorie, wie sie von Adorno und Horkheimer formuliert wurde, erscheint diese Verschiebung als symptomatisch für die Spätphase der Aufklärung, in der die emanzipatorischen Versprechen der Aufklärung durch die allumfassende Logik des Kapitals assimiliert und schließlich pervertiert werden. Die Aufklärung, die ursprünglich eine universelle Emanzipation der Menschheit anstrebte und die Verhältnisse des Bestehenden hinterfragen wollte, hat im Spätkapitalismus ihre radikale Potenzialität verloren. Sie ist von der Ware entleert worden, ihre revolutionären Impulse wurden verwertet und neutralisiert. So wie das Kapital die Dialektik der Aufklärung in ein System der Zirkulation und Verwertbarkeit transformiert hat, so droht auch die Identitätspolitik, im Bann des Marktes ein weiteres Produkt zu werden. Sie bietet Sichtbarkeit, Anerkennung und scheinbare Differenz, doch die zugrunde liegende Struktur der gesellschaftlichen Fragmentierung bleibt unberührt – die Fragmentierung der Gesellschaft wird nicht überwunden, sondern vielmehr vertieft. Die Identitätspolitik, einst als Reaktion auf strukturelle Ungleichheit und Ausgrenzung ins Leben gerufen, könnte sich daher zu einem Instrument der sozialen Integration in die bestehenden Verhältnisse entwickeln.

Das führt zu einer zentralen Frage der Analyse: Kann eine linke Politik im Jahr 2025 eine universelle Emanzipation fordern, ohne dabei die realen, oftmals schmerzhaften Erfahrungen von Diskriminierung zu negieren? Inwieweit lässt sich die Forderung nach sozialer Gerechtigkeit und allgemeiner Emanzipation mit den spezifischen, identitär geprägten Bedürfnissen und Kämpfen der marginalisierten Gruppen vereinbaren? Und ist nicht auch die Identitätspolitik, trotz ihrer progressiven Gesten, im Kreis des Kapitals gefangen? Ihre scheinbar emanzipatorischen Forderungen könnten in einer Weise pervertiert werden, die zur Ideologie des Status quo wird, anstatt die Gesellschaft grundlegend zu verändern. Die Kritische Theorie, insbesondere Adorno und Horkheimer, hätten in ihrer Analyse der Kulturindustrie und der Verdopplung von Aufklärung und Repression zweifellos darauf hingewiesen, dass die emanzipatorischen Strömungen der Gegenwart oftmals ihre Bedingungen nicht außerhalb, sondern im Inneren der kapitalistischen Gesellschaft finden – und somit in ihrer Wirkungslosigkeit manifest werden. Die Marktlogik, die das Individuum zunehmend als Marke und Konsumentenobjekt reduziert, hat längst auch die vermeintlich progressive Identitätspolitik durchdrungen.

Es stellt sich also die grundlegende Frage, ob eine echte emanzipatorische Politik heute noch aus dem Universalismus der Aufklärung hervorgehen kann, ohne sich in den Fängen der Identitätspolitik zu verfangen. Der Universalismus der Aufklärung, der sich nicht in partikularen Identitäten verlieren wollte, sondern für das Allgemeine kämpfte, scheint angesichts der fragmentierten Gesellschaft fast obsolet zu sein. Der moderne Widerstand jedoch muss sich aus dieser Krise heraus definieren, die Spannung zwischen der universellen Emanzipation und den partikularen Bedürfnissen der verschiedenen sozialen Gruppen produktiv nutzen. Dies erfordert eine kritische Auseinandersetzung mit den bestehenden Verhältnissen der kapitalistischen Gesellschaft, die sowohl die materiellen Bedingungen als auch die symbolischen Auseinandersetzungen umfassen muss.

Die Aufgabe dieses Essays ist es, Neimans Kritik an der Identitätspolitik mit den theoretischen Konzepten der Kritischen Theorie zu konfrontieren. Es soll hinterfragt werden, ob und wie eine linke Politik im Jahr 2025 die Spannung zwischen den universellen Ansprüchen der Aufklärung und den partikularen Bedürfnissen der verschiedenen sozialen Gruppen auflösen kann, ohne die grundlegenden Prinzipien der Solidarität und der Emanzipation zu verraten. Zentral wird dabei die Frage sein, ob Identitätspolitik im Bannkreis des Kapitalismus nicht selbst zu einer Ideologie gerinnt, die den Widerspruch zwischen individueller und gesellschaftlicher Emanzipation auf eine unlösbare Weise fortschreibt. Auf welche Weise könnte eine emanzipatorische Praxis heute aussehen, die den universellen Anspruch der Aufklärung mit den konkreten, oft partikularen Kämpfen der marginalisierten Gruppen in Einklang bringt? Und welche Rolle spielt der Kapitalismus dabei, der nicht nur die Gesellschaft, sondern auch die Formen des Widerstands zunehmend vereinnahmt?

I. Universalismus versus Identität
Neimans Kritik und ihre Aktualität

Susan Neiman stellt in *Links ist nicht woke* eine fundamentale Verschiebung innerhalb der zeitgenössischen Linken fest: Der Universalismus, das Bekenntnis zu den gemeinsamen Prinzipien der Aufklärung – der Unteilbarkeit der Menschenrechte, der Unterscheidung von Recht und Macht, der Hoffnung auf gesellschaftlichen Fortschritt – sei einer Politik gewichen, die ihre Legitimation nicht mehr aus einem kollektiven, universellen Anspruch auf Emanzipation schöpft, sondern aus den partikularen Identitäten, die sie betont. Der „Stamm", so Neiman, ist zum neuen Mittelpunkt der politischen Identifikation geworden. Die Einheit der Linken, die früher auf gemeinsamen Prinzipien beruhte, zerfällt in eine Vielzahl von Initiativen und Gruppen, die ihre Forderungen aus den unterschiedlichen Facetten der Identität ableiten – sei es ethnische Zugehörigkeit, Geschlecht oder sexuelle Orientierung. Der Widerspruch zwischen einer solidarischen Universalität und der Fragmentierung der sozialen Kämpfe wird so unübersehbar.

Dieser Identitätsdiskurs, der in seinen Anfängen als eine notwendige Reaktion auf die marginalisierte Stellung von ausgrenzten Gruppen zu verstehen war, ist jedoch, so Neiman, in eine formelhafte und absurde Reduktion des Politischen auf das bloße Ausgegrenztsein entglitten. Die von der Intersektionalität versprochenen und teils erfolgreich aufgeworfenen Fragen nach der Vielschichtigkeit menschlicher Erfahrung und den komplexen Überlappungen von Diskriminierung verkehrt sich nun in eine Hierarchie von Traumata, in der das Ausmaß der Ausgrenzung als Maßstab der Legitimität und des politischen Wertes dient. Diese Wende, so Neiman, lässt die Linke in einem Vakuum aus Partikularität und sich widersprechenden Ansprüchen zurück. Die Konzeption des Universalismus, der als theoretische Grundlage für den Kampf gegen die universalen Ungerechtigkeiten der globalisierten Welt dient, wird damit aufgegeben. Diese Entscheidung erscheint als ein politischer Bruch, der die Waffe des Universalen entwaffnet, mit der die Linke sich dem weltweiten Rechtsruck entgegenstellen könnte.

Die Kritische Theorie, wie sie Adorno und Horkheimer formulierten, hat immer wieder betont, dass Aufklärung nur dann in ihrem emanzipatorischen Potential entfaltet werden kann, wenn sie als eine transzendente Praxis verstanden wird – als Praxis, die die Fragmentierungen der Gesellschaft transzendiert und auf das Allgemeine, auf das kollektiv Menschliche hin orientiert ist. Die „Vernunft" wird dabei nicht als abstrakte, universale Norm verstanden, sondern als eine konkrete Form der Kritik, die das Bestehende als Widerspruch zu sich selbst begreift. In dieser Hinsicht stößt die identitätspolitische Praxis, die ihre politische Subjektivität nicht aus einem universellen Anspruch auf Emanzipation speist, sondern aus der Konstitution von Identität als historisch und sozial determiniertem Phänomen, auf die fundamentalen Bedenken der Kritischen Theorie. Der Identitätsdiskurs riskiert, das emanzipatorische Potential der Vernunft zu deformieren, indem er die universelle Subjektivität zugunsten partikularer, oftmals gegenläufiger Interessen aufgibt.

Adorno, in seiner scharfsinnigen Diagnose der Gesellschaft als eine von Widersprüchen durchzogene Totalität, hat stets darauf hingewiesen, dass jede Form von partikularer Identität – sei es die eines „Kollektivs" oder die einer „Einzelperson" – unter den Bedingungen des Spätkapitalismus unweigerlich zu einer verdinglichten Form wird. „Die Gesellschaft", so Adorno, „kann keine Identität bieten, die ihr nicht zugleich zur Ware wird." Identität, verstanden als Ausdruck eines „unverwechselbaren Selbst", wird in den Mühlen des Kapitalismus zum bloßen Objekt der Marktverwertung, das in eine Kategorie von Anerkennung und Differenz transformiert wird, die es wiederum zu reproduzieren gilt. Diese Erkenntnis zeigt die dialektische Struktur der Identitätspolitik auf: Während sie vorgibt, der Subjektivität Raum zu geben, setzt sie die Subjekte in eine Position, in der ihre Erfahrung von Ausgrenzung selbst zur Ware wird, die konsumiert und vermarktet werden kann.

Neimans Kritik, dass der identitätspolitische Diskurs die politische Subjektivität in die Sphäre eines „tribalen Denkens" verlagert, bei dem nicht mehr das Subjekt der Vernunft, sondern der Repräsentant einer spezifischen Opfererfahrung spricht, trifft den Kern dieser Problematik. Der Verlust des universellen Anspruchs auf Emanzipation bedeutet nicht nur eine Intellektualisierung des Widerstands, sondern auch eine Schmälerung seiner praktischen Potenziale. Die politischen Identitäten, die die Linke heute prägen, verweigern sich der Universalität, die im Widerstand gegen die Verwertung des Menschen durch den Kapitalismus notwendig bleibt. In der Perspektive der Kritischen Theorie sind sie nicht mehr Mittel, um die gesellschaftlichen Verhältnisse zu transformieren, sondern ein integraler Bestandteil jener Verhältnisse geworden, die sie zu überwinden suchen.

Die Folge dieser Entwicklung ist eine tiefe Zerrissenheit der politischen Linken. In einer Welt, in der das Allgemeine durch den partikularen Diskurs ersetzt wird, droht die Möglichkeit einer solidarischen Praxis, die Differenz anerkennt, ohne sie zu verabsolutieren, immer mehr zu verschwinden. Wie Adorno in seiner Ästhetischen Theorie schrieb, „ist das, was als konkrete Idee erscheint, stets auch das, was in seiner Abstraktion zur Reproduktion des Bestehenden führt." Die Verwandlung der Identität in ein Identifikationsmerkmal – sei es in der Form des „Black Lives Matter"-Diskurses oder anderer sozialer Bewegungen – verstärkt gerade die Fragmentierung, die sie überwinden will. In einer Welt, die von einer

„tribalen Logik" durchzogen ist, verliert das Individuum seine Fähigkeit, als universelles Subjekt der Emanzipation zu sprechen.

II. Kritische Theorie:
Die Dialektik der Identität

Die von Susan Neiman benannte Regression der Linken in partikularistische Sprach- und Geltungsformen, in denen Identität nicht mehr als Kritik, sondern als Letztbegründung des Politischen fungiert, hätte Adorno als symptomatischen Ausdruck jener Dialektik der Aufklärung verstanden, in der die Emanzipation in ihr Gegenteil umschlägt. Die Identität, die ursprünglich das Moment der Anerkennung des Subjekts in einer vernunftgeleiteten Ordnung versprach, gerät unter den Bedingungen spätkapitalistischer Vergesellschaftung zur Ideologie – nicht trotz, sondern wegen ihres Anspruchs auf Differenz. „Identität ist das Urbild der Ideologie", bemerkt Adorno, weil in der Behauptung von Gleichheit ein heimlicher Zwang liegt, das Einzelne dem Allgemeinen zu unterwerfen – eine Unterwerfung, die im gegenwärtigen Diskurs nun paradoxerweise durch die umgekehrte Bewegung geschieht: Nicht mehr das Allgemeine okkupiert das Besondere, sondern das Besondere erhebt sich selbst zum absoluten Maßstab.

In der *Negativen Dialektik* insistiert Adorno auf dem „Nicht-identischen" – jenem, was sich dem Zugriff des begrifflichen Denkens, des Klassifizierens und Verfügens entzieht. Identität ist hier kein emanzipatorisches Ziel, sondern die Chiffre für das, was im Namen von Ordnung und Verständlichkeit eliminiert wird. Wo das Denken Identität setzt, verfehlt es, was an seinem Gegenstand unaufgehoben bleibt: „Das Nichtidentische ist der Makel der Identität, ihr Stachel." Eine Politik, die das „Wer spricht?" über das „Was ist?" stellt, macht das Subjekt nicht frei, sondern verstärkt seine Verstrickung in das Gegebene. Das identitäre Selbstbewusstsein, das sich im Zeichen der Differenz konstituiert, verkennt, dass es selbst nur als Effekt gesellschaftlicher Vermittlung existiert – und daher keineswegs im „authentischen" Zugriff auf sich selbst wurzelt, sondern im Spiegel ideologischer Formationen, die es affirmiert, indem es sie zu kritisieren vorgibt.

Die Dialektik der Identität liegt genau in diesem Umschlagspunkt: Die Behauptung des Eigenen als Unterschied gerinnt zur Behauptung gegen das Allgemeine und damit gegen die Möglichkeit der Solidarität. In dieser Hinsicht trifft sich Neimans Kritik mit der Theorie der Frankfurter Schule: Wo Identität zur letzten Instanz wird, wird der Anspruch auf Gemeinsamkeit – auf das, was Menschen verbindet jenseits ihrer differenziellen Zuschreibungen – zur Fiktion. Die „Verhärtung des Bestehenden", von der Adorno spricht, erfolgt nicht nur durch staatliche Repression oder ökonomische Verhältnisse, sondern auch durch eine politische Sprache, die sich dem Anderen nur als Abweichung oder Rivalität zu nähern vermag.

Dennoch wäre es ein Missverständnis, in Adornos Philosophie eine abstrakte Universalismuskritik zu sehen, die das Besondere negiert. Im Gegenteil: Die negative Dialektik will den Anspruch des Besonderen retten – jedoch nicht durch dessen Verabsolutierung, sondern durch dessen Vermittlung im Allgemeinen. Das Nichtidentische ist nicht ein anderes Wesen, sondern die Chiffre für das, was im Bestehenden nicht aufgeht, das Leiden, das Unversöhnte, das Utopische. Daher verlangt kritische Theorie, „daß Auschwitz sich nicht wiederhole, nichts Ähnliches geschehe", als negatives Telos der Aufklärung, das sich nicht durch Identitätsaffirmation erfüllen lässt, sondern nur durch eine radikale Transformation der gesellschaftlichen Verhältnisse, die diese Ausgrenzung notwendig machen.

Auch in *Dialektik der Aufklärung* sprechen Adorno und Horkheimer vom Umschlag der Aufklärung in Mythologie: Wo die Vernunft sich selbst absolut setzt, schlägt sie in Herrschaft um. Ähnlich kann man sagen: Wo Identität sich absolut setzt, schlägt sie in Exklusion um. Das Moment der Kritik wird zum Dogma, die Differenz zur neuen Norm. Neiman schreibt dazu prägnant: „Ein Gedanke, der als Fortschritt gedacht war, wird zum Gegenteil, wenn er zur einzigen moralischen Währung gemacht wird." Was ursprünglich als Anerkennungskritik gedacht war, erstarrt zur Grammatik des Ausschlusses. Die Gruppe tritt an die Stelle der Klasse, die Biographie an die Stelle der Geschichte, das Trauma an die Stelle der Kritik.

Gleichwohl bleibt die Anerkennung von Diskriminierung und realem Leid konstitutiv für jede emanzipatorische Theorie. Adorno selbst betont, dass Theorie nicht über dem Leid stehen dürfe: „Das Bedürfnis nach Glück ist identisch mit dem Bedürfnis, Leid zu vermeiden." Es gilt, diese Erfahrungen nicht zu leugnen, sondern sie in einer Weise zu denken, die nicht in neue Unhintergehbarkeiten mündet. Die Kritik am Identitätsdenken verlangt daher keine Rückkehr zu einem abstrakten, blinden Universalismus, sondern eine Rekonstruktion des Allgemeinen im Lichte des Besonderen – eine Bewegung, die den Widerspruch aushält, ohne ihn vorschnell aufzulösen.

So eröffnet sich eine Möglichkeit, die jenseits des Entweder-Oder von Identität und Universalität liegt: Die Anerkennung konkreten Leidens als Anstoß zu einem Denken, das auf das Allgemeine zielt, ohne das Besondere zu tilgen. Nur so kann der Begriff des Menschen – bei aller historischen Belastung – als Maßstab emanzipatorischer Kritik erhalten bleiben. Und nur so bleibt das utopische Moment des Nichtidentischen gewahrt, das dem Bestehenden seine Unvollkommenheit vor Augen hält. In einer Zeit, in der das Politische zunehmend zum Spiegel partikularer Spiegelbilder wird, erinnert die Kritische Theorie daran, dass wahre Emanzipation nur dort beginnt, wo das Denken sich seiner eigenen Unzulänglichkeit erinnert – und dem Anderen Raum lässt, ohne es einzugemeinden.

III. Kapitalismus und die Kommodifizierung der Identität

Die Gegenwart des Jahres 2025 offenbart mit brutaler Klarheit, was Adorno und Horkheimer in der *Dialektik der Aufklärung* bereits in nuce formulierten: Dass die gesellschaftliche Totalität nicht durch offene Repression, sondern durch die allumfassende Inkorporation des Kritischen ins Funktionale fortbesteht. In der digitalen Spätmoderne wird Identität zur durchdesignten Oberfläche, zur kalkulierbaren Differenz innerhalb eines Systems, das nichts duldet, was es nicht in Wert setzen kann. Der Satz „Kulturindustrie betrügt ihre Konsumenten um das, was sie verspricht" erfährt im Diskurs um Diversität und Inklusion seine hochmoderne, algorithmisch kuratierte Applikation. Die „Verwaltung des Scheins", wie Adorno die Funktionsweise der Kulturindustrie beschreibt, hat sich im digitalen Kapitalismus in eine *Verwaltung der Differenz* transformiert, in der jede Besonderheit nur als verwertbare Kategorie erscheint, jedes Anderssein zum Signifikanten im Spiel der Aufmerksamkeit degradiert wird.

Was unter dem Banner der Anerkennung auftritt, ist häufig nicht mehr als ein performatives Subjektmanagement, in dem die Repräsentation das Reale überlagert. „Identität", so scheint es, ist nur noch das, was im Profil erscheint, im Feed sichtbar wird, algorithmisch verstärkt und monetarisiert. Der Markt hat gelernt, jene Sprache zu sprechen, die einst gegen ihn gerichtet war. Das Vokabular der Marginalisierung wird zur Währung der Sichtbarkeit, und Sichtbarkeit selbst zur Form symbolischer

Integration in ein System, das reale Exklusion durch narrative Inklusion zu kompensieren weiß. Susan Neiman erkennt hierin mit Nachdruck die Gefahr: „Wo Anerkennung wichtiger wird als Gerechtigkeit, wird Politik zur Selbstinszenierung."

Die Kritik der Kulturindustrie, wie sie Adorno und Horkheimer entwarfen, adressierte nicht bloß die Ästhetik, sondern die Form der Subjektivierung unter kapitalistischen Bedingungen. Das Subjekt wird zur Funktion seiner Konsumpräferenzen, zur kalkulierten Abweichung, die dem Gesamtbetrieb der Warenästhetik neue Impulse liefert. Was heute unter dem Label „woke" kursiert, ist oft nichts als die gestylte Maske des Immergleichen – die „konformistische Rebellion", die Adorno in der Jugendkultur seiner Zeit diagnostizierte, erfährt ihre Fortsetzung im identitätspolitischen Gestus, der sich selbst genügt und in seiner performativen Selbstvergewisserung das kritische Potenzial verspielt.

Diese Entwicklung verweist auf eine tiefere Struktur: Die Integration der Differenz in das System erfolgt nicht trotz, sondern wegen ihrer gesellschaftskritischen Herkunft. Die kapitalistische Totalität erweist sich einmal mehr als die große Maschine der Subsumtion. So wird Identität zur Ware, zur „Funktion gesellschaftlicher Verblendung", die durch den Schein der Pluralität die reale Alternativlosigkeit zementiert. Wie Adorno schrieb: „Das Ganze ist das Unwahre." Es ist dieses Ganze – das Totalitätsbewusstsein des Kapitals –, das sich jede Regung des Anderen einverleibt, indem es sie marktförmig codiert.

Die Fragmentierung emanzipatorischer Bewegungen in Mikro-Identitäten erzeugt somit nicht nur eine strategische Ohnmacht gegenüber den strukturellen Zumutungen der Verwertungslogik; sie lenkt den Blick auch ab von jener *gesellschaftlichen Vermittlung,* die Individuen überhaupt erst zu Trägern von Identitätsansprüchen macht. In einer paradoxen Umkehrung erscheint die partikularistische Fokussierung auf Anerkennung als Flucht vor dem Allgemeinen, während es gerade dieses Allgemeine – als Inbegriff der Vergesellschaftung – ist, das der Kritik bedarf. Ohne ein Bewusstsein der Totalität, das Adorno gegen alle postmoderne Skepsis verteidigte, verkommt Kritik zum moralischen Statement, zur „Rhetorik der Verletzung", deren Pathos umso schriller wird, je ohnmächtiger sie bleibt.

In diesem Kontext muss Identitätspolitik als doppelt gebrochene Erscheinung gedacht werden: Einerseits artikuliert sie reale Bedürfnisse nach Sichtbarkeit, nach Respekt, nach Schutz vor Gewalt; andererseits gerinnt sie unter den Bedingungen des Marktes zur Pose, zur ästhetisierten Differenz, die weniger auf Transformation als auf Distinktion zielt. Der Anspruch auf Anerkennung wird so zum Ersatz für Gerechtigkeit – ein Verschiebungseffekt, der die *Form* des Politischen selbst verändert.

Kritische Theorie verlangt jedoch, dass das Subjekt nicht bloß in seinem *So-Sein* affirmiert, sondern in seinem *Gemacht-Sein* erkannt wird. Nur dort, wo Identität nicht als Natur, sondern als historische Formation erscheint – als Effekt sozialer Praktiken, ökonomischer Strukturen, ideologischer Zuschreibungen –, kann Kritik ansetzen. Nicht durch die Verabsolutierung des Partikularen, sondern durch dessen Vermittlung mit dem Ganzen entsteht die Möglichkeit eines emanzipatorischen Projekts, das den Namen verdient. Es gilt, mit Adorno zu insistieren: „Es gibt kein richtiges Leben im falschen" – auch nicht in der vielfarbig inszenierten Identität, die das Falsche freundlich tarnt.

IV. Perspektive: Für einen neuen Universalismus

Das Plädoyer von Susan Neiman für einen „moralischen Universalismus" stellt keineswegs einen Rückfall in ein homogenisierendes, flächendeckendes Idealsystem dar. Vielmehr fordert sie eine Politik, die es versteht, Differenz anzuerkennen, ohne sie zu einer unüberbrückbaren Grenze zu erheben. In diesem Sinne ist Neimans Universalismus ein Ausdruck jener nicht-vernunftgemäßen Aufklärung, die Adorno in seiner Philosophie immer wieder betont hat: „Die Aufklärung ist der Ausgang des Menschen aus seiner selbstverschuldeten Unmündigkeit", doch dieser Ausgang kann nicht als universeller Vorgang ohne das Vorhandensein und die Anerkennung der Differenz, der speziellen Erfahrungen von Ausgrenzung und Unterdrückung, vollzogen werden. Der Universalismus, den Neiman entwirft, ist keine radikale Negation des Besonderen, sondern die Inklusion des Besonderen in ein Allgemeines, das in der Lage ist, soziale Gerechtigkeit auf globaler Ebene zu fördern. Es geht darum, die bestehenden Gesellschaftsverhältnisse nicht nur zu kritisieren, sondern in einer Form zu transformieren, die das kollektive Wohl aller, und nicht nur das von Einzelnen oder Gruppen, in den Mittelpunkt stellt.

In einer Welt, die durch kapitalistische Verwertungslogik fragmentiert und in Identitätsmarken aufgespalten wird, ist Universalismus nicht einfach ein abstrakter oder platten Gleichheitsbegriff. Vielmehr, so Adorno, muss er als das „Nichtidentische" gedacht werden, als das, was sich der Vereinnahmung durch die Kategorien des Bestehenden entzieht. Ein neuer Universalismus ist nicht die Negation der sozialen und kulturellen Identitäten, die das Leben der Individuen prägen, sondern ihre Einbindung in ein gemeinsames Projekt der Befreiung. Das Besondere wird nicht neutralisiert, sondern in seiner Singularität anerkannt und in das größere Ganze integriert – ohne diese Singularität als unverrückbare Festung des Partikularen zu verherrlichen.

Dieser Universalismus muss die Realitäten der Diskriminierung und der sozial bedingten Ungleichheit nicht nur ernst nehmen, sondern ihnen eine radikale Perspektive geben, die über die bloße Anerkennung hinausgeht. Die zentrale Forderung von Neiman, dass gesellschaftliche Bewegungen wie Black Lives Matter ihre universelle Grundlage nicht verlieren dürften, ist in diesem Zusammenhang von entscheidender Bedeutung. Die ursprüngliche Motivation dieser Bewegungen war nicht die Errichtung von Unterschieden, sondern der Kampf gegen die universellen Strukturen der Gewalt und der Ungerechtigkeit. Doch der identitätspolitische Diskurs hat diese Bewegungen in partikularistische Kategorien verwandelt und so die Möglichkeit einer breiten gesellschaftlichen Allianz geschwächt.

Wie Adorno und Horkheimer in der *Dialektik der Aufklärung* feststellen, kann Emanzipation nicht in der bloßen Anerkennung partikularer Identitäten ihren Abschluss finden. Der Universalismus der Aufklärung war der Ausdruck des Übergriffs des Allgemeinen auf das Besondere – nicht als Zwang, sondern als Befreiung. Die Missachtung des Allgemeinen, die in der bloßen Hervorhebung des Besonderen liegt, führt zur Fragmentierung der Gesellschaft und zur Zementierung von Differenzen, die eigentlich durch einen universalistischen Ansatz aufgehoben werden könnten.

Der neue Universalismus, den Neiman fordert, muss in der Lage sein, die Differenz zu integrieren, ohne sie zu einer festen Identität zu erheben. Dabei darf er nicht in die Falle tappen, Unterschiede zu nivellieren, aber auch nicht in die Falle, Unterschiede zu essentiellen, unveränderlichen Merkmalen des Menschen zu stilisieren. Die Kunst des Universalismus im 21. Jahrhundert ist die Fähigkeit, diese Spannung produktiv zu gestalten: Die Anerkennung der Vielfalt muss mit dem Anliegen verbunden sein, die sozialen, politischen und ökonomischen Verhältnisse zu verändern, die diese Differenzen erzeugen und aufrechterhalten. Der

Universalismus wird zur Bedingung der Emanzipation, weil er das Gemeinsame im Individuellen sucht – nicht als Verleugnung des Besonderen, sondern als dessen sinnvolle, gesellschaftliche Vermittlung.

Es ist genau diese Dialektik, die Adorno in seiner „Negativen Dialektik" einfordert: „Der Begriff, der sich selbst auflöst, ist der einzige, der dem Besonderen gerecht wird." Ein Universalismus, der die Differenz aufnimmt, sie jedoch nicht als sich selbst genügende Kluft entlässt, sondern sie in das Gemeinsame überführt, kann die Grundlage einer Solidarität bilden, die die gesellschaftliche Fragmentierung überwindet. Er muss gleichzeitig als ein kritisches Instrument bestehen, das sich gegen jede Form von Essentialismus wendet – auch in der politischen Praxis. So wird der Universalismus zum Projekt der Befreiung von allen Formen von Unterdrückung, sei es durch den Kapitalismus, durch den Staat oder durch identitätsbasierte Barrieren.

Die Herausforderung bleibt, wie Neiman es formuliert, das Gemeinsame zu bewahren, ohne das Besondere in einer falschen Einheitsvorstellung zu ersticken. Ein solcher Universalismus hat die Kraft, sowohl das Einzelne als auch das Allgemeine zu befreien, indem er die Unterschiede zwischen den Menschen als Ausdruck ihrer gesellschaftlichen Bedingungen versteht und nicht als Naturgegebenheiten. Es ist die Forderung nach einer solidarischen Praxis, die sich nicht in der Selbstbestätigung von Identitäten erschöpft, sondern deren politische Bedeutung im Kontext einer breiteren, universellen Befreiung zu verstehen weiß.

In einer Welt, in der das „Falsche" sich in den Bildern der Identität tarnt, ist der wahre Universalismus nicht der, der Unterschiede negiert, sondern der, der sie als Ausgangspunkt für eine Kritik der Verhältnisse nutzt, die diese Differenzen hervorbringen. Es ist der Universalismus der Aufklärung, der sich im Widerstand gegen die Verwertungslogik des Kapitalismus erneuert – ein Universalismus, der das Allgemeine nicht als abstrakte Norm, sondern als soziale Praxis begreift, die die Freiheit aller Menschen in ihrer Vielfalt sucht.

Die Dialektik der Identitätspolitik im Jahr 2025: Perspektive für einen neuen Universalismus

Im Jahr 2025 erscheint die Identitätspolitik als ein zutiefst ambivalentes Phänomen, das einerseits emanzipatorische Potenziale in sich trägt und andererseits regressiven Widerspruch befördern kann. Auf der einen Seite spiegelt sie die realen und konkreten Erfahrungen von Ausgrenzung und Diskriminierung wider, deren Sichtbarmachung für einen lebendigen politischen Diskurs unerlässlich ist. Die Anerkennung dieser Erfahrungen ist von grundlegender Bedeutung für die Schaffung eines politischen Rahmens, der soziale Ungleichheiten nicht nur benennt, sondern auch aktiv herausfordert. Wird die Identitätspolitik jedoch nicht auf das Partikulare reduziert, sondern als Teil eines umfassenden Widerstands gegen die bestehenden gesellschaftlichen Herrschaftsverhältnisse verstanden, kann sie zu einer bedeutenden Kraft der Emanzipation werden. Sie stellt dann einen Widerstand gegen die Verdinglichung und die kapitalistische Ausbeutung des Subjekts dar.

Doch diese Potenziale geraten in Gefahr, sobald Identitätspolitik zur letzten Instanz politischer Legitimation erhoben wird. Wenn sie sich in die Selbstbestätigung partikularer Gruppenidentitäten flüchtet, verstärkt sie nicht nur die Differenzen, sondern verhindert zugleich die Entfaltung eines radikaleren und universellen Gesellschaftsprojekts. Die Identität, die ohne eine kritische Auseinandersetzung mit der kapitalistischen Totalität in den Mittelpunkt rückt, verwandelt sich in eine selbstgenügsame Praxis. Diese reduziert das Politische auf das Partikulare und erschwert die Solidarität, die für eine wahrhaft emanzipatorische Politik notwendig ist. Adorno wies bereits darauf hin, dass in der totalen Gesellschaft jede Form der besonderen Identität Gefahr läuft, ein Mechanismus der „Verhärtung des Bestehenden" zu werden, anstatt dieses zu überwinden.

Die Herausforderung, der sich die politische Linke im Jahr 2025 stellen muss, ist eine doppelte. Sie besteht darin, die Dialektik zwischen der Anerkennung von Differenz und dem Universalismus neu zu vermitteln. Es geht nicht darum, die realen Erfahrungen von Diskriminierung zu relativieren oder zu negieren. Vielmehr müssen diese Erfahrungen als konkrete Ausdrucksformen sozialer Ungleichheit ernst genommen und gleichzeitig als Ausgangspunkt für einen umfassenden Widerstand gegen die Verhältnisse begriffen werden, die diese Differenzen hervorbringen. Hier liegt der Bruch mit der bloßen Fixierung auf

Identität: Die Anerkennung des Besonderen darf nicht in einem starren Identitätsbegriff erstarren, der das Politische auf sich selbst reduziert. Vielmehr muss sie sich in eine universelle, transformative Praxis überführen, die die politische Differenz zu einem Moment gesellschaftlicher Emanzipation erhebt, ohne sie zu verewigen.

Dabei darf das Allgemeine nicht als abstrakter, unbestimmter Begriff verharren. Universalismus, wie er von Neiman und der Kritischen Theorie formuliert wird, bedeutet nicht die Übertragung einer universellen Norm auf heterogene Subjekte. Vielmehr stellt er die fortwährende Aufgabe dar, die Bedingungen universeller Gerechtigkeit in konkreten, widersprüchlichen sozialen Kämpfen zu erkämpfen. Hier liegt der dialektische Widerspruch: Die Forderung nach einem allgemeinen, universellen sozialen Fortschritt darf sich nicht in einer bloßen Abstraktion auflösen, sondern muss die Differenzen der Lebenswelten und die sozialen Ungleichheiten einbeziehen, die sich nicht vollständig im Allgemeinen auflösen lassen. Der Universalismus wird zu einer Aufgabe, die das Allgemeine aus den konkreten Kämpfen, aus den praktischen Erfahrungen von Ausgrenzung und Unterdrückung zu entwerfen und zu erkämpfen sucht.

Die Kritische Theorie erinnert uns daran, dass Emanzipation nur dann wirksam werden kann, wenn sie beides umfasst: die Anerkennung des Besonderen und die Orientierung am Allgemeinen. Diese dialektische Vermittlung bildet die Voraussetzung für die Entwicklung einer Solidarität, die den Widerspruch zwischen dem Partikularen und dem Allgemeinen zu überwinden vermag. Der Universalismus, der dieser Aufgabe gerecht wird, erscheint nicht als abstrakte Norm, sondern als konkrete Praxis, die immer wieder neu erkämpft werden muss. Die Auseinandersetzung mit den Differenzen ist dabei nicht isoliert zu betrachten, sondern als untrennbarer Teil des Kampfes für eine universelle Befreiung.

In diesem Sinne bleibt die Suche nach einem neuen Universalismus das zentrale Anliegen einer linken Politik, die sich nicht in der bloßen Verwaltung von Identitäten erschöpfen darf. Sie muss eine umfassende, soziale Befreiungspolitik ausarbeiten. Nur wenn die Linke den Universalismus als das „Nichtidentische" in sich trägt, das sich nicht in der Verdinglichung von Differenzen verfangen darf, sondern diese in eine radikale gesellschaftliche Transformation überführt, kann sie die Emanzipation und die befreiende Kraft der Aufklärung bewahren.

DAS UNERHÖRTE DENKEN
ALFRED SOHN-RETHELS

Alfred Sohn-Rethel, geboren am 4. Januar 1899 in Neuilly-sur-Seine bei Paris, trat als Denker in die Welt, der die metaphysischen Träume der Aufklärung mit der bitteren Nüchternheit materialistischer Kritik konfrontierte. Entstammend einer Düsseldorfer Künstlerdynastie väterlicherseits und einer jüdischen Kaufmannsfamilie aus Braunschweig mütterlicherseits, war sein Leben von Anfang an geprägt von jener unaufhebbaren Spannung zwischen Form und Inhalt, Geist und Ware, die später sein Denken bestimmen sollte. Schon seine Herkunft war ein Prisma gesellschaftlicher Widersprüche – zwischen Ästhetik und Kapital, zwischen autonomer Form und ökonomischer Notwendigkeit. Diese Doppelbindung zieht sich wie ein roter Faden durch sein Werk und wird zu einer radikalen Auseinandersetzung mit den Mechanismen des Kapitalismus, die nicht nur ökonomische, sondern auch epistemologische Dimensionen umfasst.

Seine akademischen Wanderjahre begannen 1917 in Heidelberg unter Emil Lederer und führten ihn nach Berlin zu Ernst Cassirer – doch was ihn wirklich prägte, war weniger der formale Kanon der Universität als die informelle Nähe zu Denkern, die später der Frankfurter Schule zugeschrieben werden: Adorno, Horkheimer, Benjamin. In dieser Konstellation wurde früh deutlich: Sohn-Rethel war kein Systembauer, sondern ein Fährmann zwischen Theorie und Geschichte, zwischen ökonomischer Analyse und erkenntniskritischer Skepsis. In seinem Denken gibt es keine Trennung zwischen abstrakten Begriffen und ihren konkreten gesellschaftlichen Ursprüngen, keine reine Theorie ohne die Schattierungen der Praxis.

Nach Aufenthalten in Italien promovierte er 1928 mit einer Arbeit, die bereits die Grenznutzentheorie ins Visier nahm – ein erster Angriff auf die ideologischen Selbstgewissheiten der bürgerlichen Ökonomie. Doch die Auseinandersetzung mit der Ökonomie war nie nur ein intellektuelles Unterfangen. Sie war immer auch ein politisches und persönliches Projekt, das Sohn-Rethel in den Strudel der Geschichte führte. Die politische Realität des 20. Jahrhunderts machte seine Gedanken nur umso drängender. Dann: Krankheit, Isolation, Davos. Eine Biographie, unterbrochen wie die Zeit selbst, während draußen der Faschismus die Welt neu ordnete. Als Angestellter des Mitteleuropäischen Wirtschaftstags erlebte er aus der Nähe, wie die „organische Intelligenz" des Kapitals sich auf den Ausnahmezustand vorbereitete – eine Erfahrung, die seine theoretische Arbeit maßgeblich beeinflusste und seine Bereitschaft, die Abstraktion der Ökonomie in einer Weise zu begreifen, die über bloße Ökonomiekritik hinausging.

1933 folgte das Exil, zunächst Frankreich, dann England. Wie bei so vielen Denkern seiner Generation bedeutete die Flucht nicht nur Rettung, sondern auch den Bruch mit jener Welt, in der Denken noch gehofft hatte, wirksam zu sein. Im Exil fand Sohn-Rethel nicht nur die physische Freiheit, sondern auch den Raum, sein Denken weiterzuentwickeln und den tieferen Verbindungen zwischen kapitalistischen Produktionsverhältnissen und den Formen des Denkens nachzugehen. Doch die Flucht war auch eine Konfrontation mit der Unbehaustheit des Denkens, das sich stets zwischen Theorie und der historischen Realität verschob und immer wieder die Frage aufwarf, wie theoretisches Wissen wirklich in den Fluss der Geschichte eingreifen kann.

In seinem Hauptwerk *Geistige und körperliche Arbeit* (1970) verband Sohn-Rethel die erkenntnistheoretische Strenge Kants mit der ökonomischen Tiefenschärfe von Marx – und verwandelte diese Allianz in eine radikale These: dass das Denken selbst, in seiner Abstraktheit, ein Produkt der Realabstraktion des Warentausches sei. Nicht das Bewusstsein bestimmt die Form des Tauschs, sondern der Tausch die Form des Bewusstseins. Die Kategorie selbst – Raum, Zeit, Identität – ist nicht anthropologisch, sondern historisch. Der Geist, als scheinbar letzter Rückzugsort der Freiheit, erweist sich als Abdruck der unfreien Verhältnisse. In diesem Ansatz verweigert Sohn-Rethel den klassischen Denkmodellen, die den Geist als freien, von der materiellen Welt abgekoppelten Akteur verstehen. Für ihn ist der Gedanke immer schon in die materiellen Verhältnisse eingebettet.

Doch das Denken blieb für Sohn-Rethel nicht nur Theorie, sondern auch gelebtes Leben. In seinen späten Jahren, nach seiner Rückkehr nach

Deutschland, lebte er zurückgezogen in Bremen. Und hier, gewissermaßen gegen die Erwartung des Pathos eines einsamen Alters, begegnete ihm in Bettina Wassmann – Verlegerin, Buchhändlerin, vierundvierzig Jahre jünger – jene späte, zärtliche Resonanz eines Lebens, das lange nur durch Brüche, Exil und geistige Unbehaustheit geprägt gewesen war. Ihre Beziehung war kein symbolischer Trost, sondern ein gelebter Widerstand gegen die Linearität biographischer Skripte – eine letzte Wendung, die auch in ihrer Unwahrscheinlichkeit dem Denken Sohn-Rethels entsprach: dass das Wahre nicht im Abstrakten ruht, sondern sich im Konkreten, Unerwarteten offenbart. Diese späte Lebensphase spiegelt nicht nur das Leben eines Denkers wider, sondern auch die Möglichkeit einer Transformation der persönlichen Geschichte – ein Gedanke, der das ganze Werk Sohn-Rethels durchzieht: Die Abstraktion ist niemals nur ein Gedankenspiel, sondern immer auch ein Ausdruck sozialer Realität, der in der Lebenserfahrung selbst verankert ist.

Sohn-Rethel starb am 6. April 1990 in Bremen. Sein Werk bleibt – unbehaust, widerständig, unversöhnt. Ein Denken gegen die metaphysischen Tröstungen der Philosophie, gegen die Selbstgewissheiten der Ökonomie, gegen die Versöhnung mit dem Bestehenden. Inmitten einer Zeit, die das Denken zur Ware macht, erinnerte er daran, dass selbst der Begriff seinen Preis hat – und seine Herkunft. In einer Welt, in der abstrakte Konzepte oft als getrennt von der materiellen Praxis betrachtet werden, zeigte Sohn-Rethel auf, dass es gerade die gesellschaftliche Praxis ist, die den Geist und seine Kategorien formt. Sein Werk ist nicht nur ein intellektueller Versuch, die Widersprüche der kapitalistischen Gesellschaft zu begreifen, sondern auch ein unaufhörlicher Appell, den Blick auf das Konkrete zu richten – auf die Praxis, die das abstrakte Denken erst hervorgebracht hat und immer wieder aufruft, sich nicht in den hohen Sphären der Theorie zu verlieren, sondern sich im Alltag der sozialen Verhältnisse zu verankern.

Der Davos-Aufenthalt und die Verlangsamung der Wissenschaft

In der Biografie Alfred Sohn-Rethels ist der Davos-Aufenthalt nicht bloß ein Kapitel der Krankheit, sondern ein Moment von fast allegorischer Dichte. Die Lungenkrankheit, die ihn an den Rand seiner physischen Existenz führte, wurde zur Metapher des Denkens selbst –

eines Denkens, das nicht frei atmen kann, weil es von gesellschaftlichen Bedingungen durchdrungen ist, die es zugleich ermöglichen und unterbinden. Die Krankheit, die seinen Körper lähmte, erschien ihm wie ein physisches Abbild jener geistigen Erstickung, die in einer Welt herrscht, in der das Denken in den Strukturen des Kapitalismus gefangen bleibt. Sie zeigte ihm, dass Denken nicht als isolierter, autonomer Prozess existieren kann, sondern stets im Spannungsfeld gesellschaftlicher Kräfte, materieller Verhältnisse und körperlicher Begrenzungen verankert ist.

In der kühlen Höhenluft der Davoser Sanatorien, wo das Leben sich verlangsamt, der Körper seine Fragilität offenbart und die Zeit selbst zu stocken scheint, vollzog sich bei Sohn-Rethel eine Transformation, die weniger sichtbar, aber desto nachhaltiger war: die Erkenntnis, dass auch das Denken Atem braucht – einen Rhythmus, der mit der Welt verbunden bleibt und sich nicht in den luftleeren Räumen spekulativer Selbstreferenz verliert. Die Verlangsamung, der erzwungene Entzug von der gewohnten Geschwindigkeit, wurde zum Katalysator einer neuen Art von Reflexion. In dieser Zeit physischer und geistiger Zwangspause spürte Sohn-Rethel den tiefen Zusammenhang von Körper und Denken und begann, die Bedingungen des Denkens und der Wissenschaft selbst zu hinterfragen.

Davos war in dieser Hinsicht kein bloßes Exil aus der akademischen Welt, sondern ein Schwellenraum: ein Zwischenreich von Rückzug und Vorstoß, ein Ort der Reflexion und Selbstbegegnung. Die Begegnung mit Ernst Cassirer – einem Philosophen, der in der symbolischen Form das eigentliche Medium des Geistes sah – wurde für Sohn-Rethel zum Anlass der Konfrontation. Cassirer, der die Autonomie der symbolischen Ordnung verteidigte, repräsentierte jene philosophische Tradition, gegen die sich Sohn-Rethels eigenes Projekt formierte: die Vorstellung nämlich, dass Denken und Symbol losgelöst von gesellschaftlicher Praxis existierten. Während Cassirer den Ursprung der geistigen Form im Reich des Sinns suchte, erkannte Sohn-Rethel im sozialen, physischen und wirtschaftlichen Austausch die eigentliche Quelle des Denkens – dort, wo Abstraktion nicht Idee, sondern Handlung ist.

Gerade in der Auseinandersetzung mit Cassirer gewann Sohn-Rethel die Überzeugung, dass Denken nicht in einem autonomen Geisterreich entsteht, sondern immer schon das Produkt materieller und sozialer Bedingungen ist. Und es war genau diese Einsicht, die ihn darin bestärkte, seinen eigenen Weg weiterzugehen – einen Weg, der das Denken nicht in der „reinen Form", sondern in der sozialen Tätigkeit, in der Praxis, in der Geschichte verortet. Diese Erkenntnis wuchs nicht aus der akademischen Beschleunigung, sondern in der verlangsamten Zeit, die das Leben ihm auferlegte. Die Krankheit – der Körper, der nicht mehr gehorcht – wurde zur Erfahrung eines Risses, der auch im Denken verläuft. Sie machte die Trennung zwischen geistiger und körperlicher Arbeit nicht nur theoretisch, sondern existenziell erfahrbar. Denken unter der Bedingung physischer Einschränkung zwang ihn, das Denken selbst als körperliche, als in Materialität eingebundene Tätigkeit zu begreifen.

Diese Erfahrung war keine bloße Episode des Rückzugs, sondern eine Schule der Langsamkeit, in der sich der Blick für die Kräfte schärfte, die das Denken formen, noch bevor es sich seiner selbst bewusst wird. Die Entschleunigung des Körpers – Schmerz, Erschöpfung, Zerrissenheit – führte zu einer neuen Sensibilität für das Verhältnis zwischen geistigem und physischem Leben. Sie lehrte ihn, dass der geistige Prozess stets in den sozialen, ökonomischen und leiblichen Praktiken des Daseins verwurzelt ist und sich nicht aus einer abstrakten Distanz begreifen lässt.

Dass ausgerechnet in dieser Phase des Stillstands die Einsicht in die Dynamik der Abstraktion wuchs, zeigt die paradoxe Dialektik, in der sich Sohn-Rethels Leben vollzog. Während der akademische Betrieb ihn als abwesend vermerkte, arbeitete in ihm eine andere, tiefere Form des Forschens: eine Erkenntnis, die sich nicht aus dem Fortschrittsdrang der Wissenschaft speiste, sondern aus der Erschütterung. In dieser verlangsamten Zeit wurde ihm deutlich, dass die entscheidenden Einsichten nicht aus der schnellen Fortführung wissenschaftlicher Diskussionen hervorgehen, sondern aus der Auseinandersetzung mit den inneren Widersprüchen der eigenen Existenz. Die Frage nach der Körperlichkeit des Denkens – nach seiner Einbettung in konkrete gesellschaftliche Praktiken – wurde in Davos nicht nur theoretisch vorbereitet, sondern als leibhaftige Realität durchlebt.

So war auch dieser Aufenthalt, wie so vieles in Sohn-Rethels Biographie, doppeldeutig: Rückzug und Vorstoß zugleich. Was nach außen wie eine Zäsur erschien, war im Innern ein langsames Durchdringen der Problemstruktur, die ihn fortan beschäftigte. Die Erfahrung der Krankheit, die Verlangsamung des wissenschaftlichen Betriebs, machte das Denken für ihn nicht ärmer, sondern reicher – reicher an Differenz, an Widerstand, an Vermittlung. In dieser Auseinandersetzung mit der eigenen Begrenztheit und den gesellschaftlichen Widersprüchen begann Sohn-Rethel zu begreifen, dass das Denken selbst nicht das Produkt reiner Intellektualität ist, sondern untrennbar mit sozialer und physischer Realität verwoben bleibt.

Und vielleicht war es genau diese Form intellektueller Askese – nicht selbstgewählt, sondern durchlitten –, die es ihm ermöglichte, mit größerer Klarheit zu erkennen, was Philosophie sein kann: keine abstrakte Konstruktion, sondern eine Arbeit an der Erfahrung. Oder, um es mit einem Satz von Walter Benjamin zu sagen, der auch Sohn-Rethels Denken durchzog: *„Wahrheit ist nicht das Ziel, zu dem man auf dem geraden Wege kommt, sondern ein verwunschenes Gewebe, das sich nur dem erschließt, der sich darin verfängt."*

Sohn-Rethel und der Weg zur Realabstraktion

Alfred Sohn-Rethel, der Denker, der in den Abgründen des gesellschaftlichen Alltags den Ursprung des Denkens suchte, war kein Freund idealistischer Abstraktionen, wie sie in der Tradition der Philosophie und Wissenschaft als rein theoretische Konstrukte gehandelt wurden. In einer Welt, durchzogen von den unaufhaltsamen Rhythmen des Warentauschs und der Zirkulation von Geld, stellte er sich gegen den Glauben, das Denken könne eine autonome Sphäre darstellen. Für Sohn-Rethel war das Denken niemals „reine" Philosophie, sondern stets durch die sozialen Praktiken determiniert, die es hervorbringen und zugleich begrenzen. Seine Theorie der **Realabstraktion** – ein Begriff, der die Verknüpfung zwischen abstraktem Denken und den konkreten gesellschaftlichen Bedingungen des kapitalistischen Marktes benennt – ist zugleich Tragödie und Widerstand.

Was vielen als abstrakte Denkkategorien galt, die auf den ersten Blick in der Abstraktion des Begriffs und der Abkehr von der Welt der Dinge verhaftet schienen, verortete Sohn-Rethel als Resultat einer tief in die soziale Realität eingelassenen Entwicklung. Nicht die entfesselten Spekulationen einer Denktradition, sondern das Münzgeld – Träger und Medium der Äquivalenz – gab der abstrakten Form des Denkens seine Struktur und seinen Ursprung. Der Warentausch, der die Gesellschaft durchdringt, war für ihn die eigentliche Quelle der Verdinglichung – jener Prozess, in dem die gesellschaftlichen Verhältnisse sich in den Kategorien des Denkens objektivieren.

In dieser Lektüre des Denkens erschien die Welt des Idealen und Abstrakten wie ein trügerischer Schein: ein Bewusstsein, das seine gesellschaftlichen Wurzeln nicht mehr zu erkennen vermag. Doch gerade darin offenbarte sich für Sohn-Rethel der tiefste Widerspruch: Die Abstraktion, die in der klassischen Philosophie als unantastbares Ideal galt, war nicht Ausdruck reiner Vernunft, sondern Folge der Verdinglichung sozialer Beziehungen. Das Denken, wie es sich in den Begriffen von Wissenschaft und Philosophie verfestigt hat, war nicht mehr das Produkt individueller Erkenntnismacht, sondern ein Resultat gesellschaftlicher Prozesse, die sich der unmittelbaren Erfahrung entziehen – und eben in den abstrakten Formen ihre Macht entfalten.

Sohn-Rethel suchte den Ursprung der Abstraktion nicht in einer metaphysischen Sphäre, sondern in der faktischen, materiellen Praxis. Und in dieser grundlegenden Einsicht berührte sich sein Denken mit jenem des kritischen Marxismus. Doch während Marx – in seiner politischen Ökonomie – die sozialen Verhältnisse als geschichtlich wandelbar deutete und an die Möglichkeit revolutionärer Praxis glaubte, erkannte Sohn-Rethel in der Abstraktion selbst eine Art historischen Zwang. Der Gedanke, verstrickt in die Struktur der Geldwirtschaft, war für ihn ein Produkt einer verhärteten Welt, deren ideologische Formen sich immer tiefer ins Bewusstsein einschreiben.

So wie Adorno in der Theorie der Kulturindustrie die gesellschaftlichen Fesseln in den Scheinwelten der Massenkultur entlarvte, so wusste auch Sohn-Rethel, dass das abstrakte Denken nicht aus einer befreiten Sphäre stammt, sondern aus jener sozialen Form, die es erst hervorbringt. Die Dialektik zwischen Abstraktion und konkreter Wirklichkeit war für ihn keine versöhnliche Bewegung, sondern ein unaufhebbarer Widerspruch: Das Denken in der kapitalistischen Gesellschaft ist in sich zerrissen – ein Denken, das seine eigene Unfreiheit erkennt, ohne sich aus ihr lösen zu können. In dieser Spannung zwischen Theorie und Praxis, zwischen dem Schein der Autonomie und der Realität sozialer Determination, formte sich ein tragisches Bewusstsein: das Wissen um die Unmöglichkeit einer „freien" Theorie in einer durch und durch kapitalisierten Welt.

Sohn-Rethels Weg der Realabstraktion ist deshalb nicht bloß eine Analyse geistiger Formen, sondern zugleich eine radikale Kritik der gesellschaftlichen Struktur, die diese Formen produziert. Die Theorie der Realabstraktion benennt nicht nur ein epistemologisches Problem, sondern auch einen Bruch mit der Ideologie der „reinen" Gedankenwelt – jener Vorstellung, das Denken könne sich von der materiellen Realität abstrahieren, ohne sich selbst zu verlieren. In einer Welt, in der das

Abstrakte immer schon mit der Struktur des konkreten Lebens verwoben ist, wird auch das Denken – in seiner scheinbaren Losgelöstheit – zum Produkt jener Verhältnisse, die es zu erkennen beansprucht.

Der Abstraktionsprozess, der im Warentausch seinen Ursprung nimmt, setzt den Denkakt selbst in Bewegung: indem er das Konkrete – die Gebrauchswerte der Waren – in eine gleichwertige, abstrakte Form überführt. Das Geld als universelles Tauschmittel fungiert dabei nicht nur als ökonomisches Instrument, sondern entfaltet die Logik des abstrakten Denkens: Es nivelliert qualitative Unterschiede und erzeugt jene formale Gleichheit, die zur Grundbedingung ideeller Abstraktion wird. In dieser Dynamik zeigt sich die innere Verwandtschaft von Marktform und Denkform – ein Zusammenhang, der nicht nur kritische Analyse, sondern auch ein neues Verständnis der historischen Situiertheit von Erkenntnis verlangt.

Denken als Praxis im Schatten des Kapitalismus

Doch gerade in dieser Verwandlung, in der das konkrete Eigentum an der Ware in den rein abstrakten Tauschwert überführt wird, liegt ein fundamentaler Widerspruch: Das Denken, das die Entfaltung des Kapitalismus begleitet, ist selbst das Produkt dieser Entfremdung. Die Realabstraktion ist daher kein harmonisches Konzept, sondern eine dialektische Kraft, die den Widerspruch zwischen dem Ideellen und dem Realen, zwischen dem theoretischen und dem praktischen Wissen, unaufhörlich vorantreibt. Sohn-Rethel versteht unter der Realabstraktion nicht nur den Ursprung abstrakter Denkkategorien, sondern auch die gesellschaftliche Bedingtheit dieser Kategorien, die sich als solche nie mehr einfach aufheben lassen. In der Abstraktion wird die Gesellschaft selbst wiedererkennbar, nicht als die ideale Vorstellung von Freiheit und Autonomie, sondern als die Entfaltung ihrer eigenen, tragischen Unfreiheit.

Dieses Konzept, das so unmittelbar mit den Wirklichkeiten der kapitalistischen Produktionsweise verflochten ist, kann daher nicht als akademische Spinnerei verstanden werden. Vielmehr ist es ein leidenschaftlicher Versuch, das Denken von der Fetischisierung der Abstraktionen zu befreien und zu zeigen, dass alles Denken eine Geschichte hat – eine Geschichte, die im materiellen Leben und den sozialen Praktiken ihren Ursprung nimmt. Sohn-Rethel hatte diese

Erkenntnis nicht nur theoretisch formuliert, sondern auch durchlebt. Die Erfahrung des Lesens von Marx' „Kapital" im jungen Alter von sechzehn Jahren wurde für ihn nicht zu einer bloßen intellektuellen Herausforderung, sondern zu einem persönlichen Erlebnis, das seine gesamte Denkweise prägte. Was ihm im Aufeinandertreffen mit dem „Kapital" offenbar wurde, war nicht nur eine Weltanalyse, sondern eine neue Form des Begreifens, die sich aus den gesellschaftlichen Verhältnissen selbst speiste. In dieser Auseinandersetzung mit Marx fand Sohn-Rethel den Schlüssel zu einer Materialität des Denkens, die sich der abstrakten Repräsentation der Welt verweigerte, um sich der tatsächlichen Praxis der Welt zuzuwenden.

Es war eben dieses Verhältnis zwischen Theorie und Leben, das Sohn-Rethel von vielen seiner Zeitgenossen unterschied. In einem Moment der Entgrenzung und des Widerstandes gegen die reine Abstraktion erkannte er, dass das Denken – so sehr es sich auch von der materiellen Welt zu befreien scheint – immer in den Ketten der sozialen Praxis gefangen bleibt. Das „Kapital" war für ihn keine bloße Sammlung ökonomischer Theorien, sondern eine tiefgründige Offenbarung darüber, wie die abstrakten Formen des Denkens, die die Grundlage für Philosophie, Wissenschaft und Kultur bilden, aus den konkreten, gesellschaftlich vermittelten Handlungen hervorgehen. Das Denken ist in dieser Perspektive keine autonome Erkenntnisfähigkeit, sondern ein Produkt der gesellschaftlichen Verhältnisse – eine Realabstraktion, die uns über die Welt informiert, aber uns zugleich in ihrer Logik gefangen hält.

So verweben sich in der Erfahrung des jungen Sohn-Rethel die großen philosophischen Erzählungen der Moderne mit den konkreten, täglichen Praktiken der kapitalistischen Gesellschaft. Die Lektüre des „Kapital" war für ihn kein isolierter Akt der Erkenntnis, sondern ein Initiationsritus, der ihn mit der Wahrheit des Denkens konfrontierte – einer Wahrheit, die in den Schleiern der Ideologie verborgen bleibt. Und aus dieser Wahrheit wuchs die Erkenntnis, dass das Denken nicht von der Welt losgelöst, sondern immer in den Strukturen der sozialen Praxis eingebunden ist. In diesem Prozess der Erkenntnis und der Entschlüsselung der sozialen Welt fand er den Weg zur Realabstraktion, der ihn nicht nur zur Theorie, sondern auch zu einer neuen, unversöhnlichen Sichtweise der Welt führte.

Die Geburt des Denkens aus dem Geist der Münze

Die Entstehung der abstrakten Kategorien und die Rolle des Münzgeldes markieren für Sohn-Rethel nicht lediglich eine Episode der ökonomischen Evolution, sondern einen Bruch in der geschichtlichen Textur des Denkens selbst. Was sich mit der Einführung des Münzgeldes im antiken Griechenland vollzog, war kein bloßer technischer Fortschritt im Austausch von Dingen, sondern ein tektonisches Verschieben der Kategorien, mit denen die Welt begriffen wird. Der Münzmetallling – standardisiert, zirkulabel, indifferent gegenüber dem, was er misst – war das erste Medium, das Abstraktion nicht nur ermöglichte, sondern gesellschaftlich erzwang. Er zwang dazu, das Qualitative durch das Quantitative zu ersetzen – das Konkrete zu entwerten, um es der Gleichheit des Tauschwerts zu unterwerfen.

In dieser Umwandlung der Welt in Gleichheiten, die sich in Zahlen und Maße fassen lassen, erkennt Sohn-Rethel das Urbild des abstrakten Denkens: jenes Denken, das sich von der Stofflichkeit der Dinge entfernt, um sich einem ideellen Raum zu überantworten, in dem Unterscheidungen nicht mehr auf sinnlicher Differenz, sondern auf logischer Setzung beruhen. Dass diese Setzungen ausgerechnet aus einem Akt des gesellschaftlichen Verkehrs – dem Warentausch – hervorgehen, ist der Kern seines epistemologischen Pessimismus: Denn das Denken, das sich als rein imaginiert, ist in Wahrheit durch und durch Produkt einer Praxis, die selbst entfremdet ist.

Parmenides wird in dieser Genealogie nicht als bloßer Denker eines neuen Weltbildes erinnert, sondern als der erste Philosoph, der den Bruch der Erfahrung selbst vollzog – oder vielmehr: vollziehen musste. In seinem „Ein(en)" – unbewegt, ungeteilt, jenseits aller Wahrnehmung – erscheint nicht nur eine metaphysische Figur, sondern das Spiegelbild jener Abstraktion, die sich mit der Münze in die Hände der Menschen legte. In Parmenides spricht das Geld, bevor es ökonomische Theorie wird. Seine Philosophie ist – so paradox es klingt – die erste Währung des Denkens: abstrakt, generalisierend, indifferent gegenüber der Vielheit des Lebens.

Sohn-Rethels Einsicht ist dabei von unerbittlicher Konsequenz. Sie lässt dem Denken seine Würde nicht im Reich des Ideellen, sondern sucht es dort auf, wo es geformt wird – im Staub der Agora, im Klang des aufeinanderschlagenden Metalls, in der Notwendigkeit des Tauschs. Denken, das sich selbst durchleuchtet, kann sich in dieser Perspektive nicht mehr als reine Tätigkeit verstehen, sondern als verdichtete Praxis, als geronnene Geschichte, als Abbild gesellschaftlicher Verhältnisse.

Gerade darin liegt die Sprengkraft seines Projekts: Es dekonstruiert nicht bloß die Ideologie der reinen Vernunft, sondern verweist diese auf eine historische Bühne, auf der sie selbst – unbemerkt – längst mitspielt. Die philosophischen Kategorien erscheinen nicht mehr als apriorische Gegebenheiten des Geistes, sondern als Resultate eines sozialen Prozesses, dessen Logik der Tausch ist und dessen Medium die Münze.

Sohn-Rethel hebt damit die Trennung von Theorie und Ökonomie auf – nicht im Sinne einer billigen Reduktion, sondern in der radikalen Einsicht, dass das Denken selbst in der Form seiner Abstraktionen ökonomisch konstituiert ist. Und wenn Parmenides das Eine denkt, dann denkt er, ohne es zu wissen, bereits in den Formen der Äquivalenz – einer Äquivalenz, die den Gebrauchswert tilgt, um den Tauschwert zu ermöglichen, und in diesem Vorgang die Welt des Denkens in die Welt des Tauschs überführt.

Die Entstehung der abstrakten Kategorien und die Rolle des Münzgeldes – dies ist für Sohn-Rethel kein bloßer historischer Zufall, sondern ein seismischer Bruch im Denken selbst. Die Einführung des Münzgeldes in der Poliswelt des antiken Griechenlands bedeutete mehr als nur die praktische Erleichterung ökonomischer Transaktionen: Sie war die materiale Bedingung der Möglichkeit für ein Denken, das sich aus dem Bann des Konkreten löste. Mit der Prägung des Geldes trat eine neue Form gesellschaftlicher Vermittlung auf den Plan – eine Form, die die konkreten, unterschiedlichen Gebrauchswerte der Waren unter einem universellen Maß zusammenfasste und damit eine Struktur der Vergleichbarkeit und Austauschbarkeit schuf, die auf radikale Weise das Denken selbst affizierte.

Was hier begann, war nicht lediglich ein ökonomischer Vorgang, sondern ein epistemologischer. Die Münze, dieser kleine Metallkörper, wurde zum Träger einer Form: der Form der Abstraktion. Sie zwang die Dinge – Holz, Brot, Öl, Sklaven – in ein Verhältnis, das sie ihrer je spezifischen Qualitäten entkleidete und in eine Relation setzte, die nur noch quantitativ war. Aus dieser quantitativen Vergleichbarkeit entstand, was Kant später als apriorische Kategorie beschrieb – doch Sohn-Rethel zeigt, dass dieser Apriori nicht im Himmel der Vernunft geboren wurde, sondern auf dem Markt. Es war die gesellschaftliche

Praxis des Tauschens, die das Denken formte, lange bevor es sich seiner selbst als Denken bewusst wurde.

In diesem Zusammenhang wird Parmenides zu einer emblematischen Figur. Dass gerade er, inmitten einer Welt, in der noch Götter, Erde und Körper als ein zusammenhängendes Ganzes galten, das „Eine" als absolut setzte und die Vielheit der Erscheinungen als trügerisch verwarf – das ist für Sohn-Rethel kein Zufall. Vielmehr ist es Ausdruck jener Abstraktion, die mit der Allgegenwart des Geldes beginnt. Das „Eine", das Unveränderliche, ist keine bloß spekulative Setzung, sondern die philosophische Spiegelung einer Gesellschaft, die gelernt hat, über alle Differenz hinweg Gleichheit herzustellen: in der Münze. Die Münze, so könnte man sagen, war der erste wirkliche Universalbegriff – nicht gedacht, sondern geprägt.

Die Theorie der Realabstraktion und ihre epistemologischen Implikationen

So werden bei Sohn-Rethel die Ursprünge der Philosophie nicht in einer autonomen Bewegung des Geistes verortet, sondern in der historischen Formation eines bestimmten gesellschaftlichen Zusammenhangs: dem der Warenproduktion und des Warentauschs. Das Denken abstrahiert, weil die Gesellschaft abstrahiert. Der Begriff entsteht nicht im Kopf, sondern im Verkehr der Dinge, im Zwang zur Austauschbarkeit, im Mechanismus des Äquivalentierens. Und so wird aus dem philosophischen Anfang ein gesellschaftlicher Abdruck: Die Kategorien der Logik und der Metaphysik sind nicht frei, sondern notwendigerweise ideologisch – sie sind Formen, in denen sich die Realität verschleiert, indem sie sich in sie einschreibt.

Dass die Philosophie ihre Geburt nicht im Wunder des Geistes, sondern im Alltag des Marktes findet, ist die radikale Pointe von Sohn-Rethels Analyse. Eine Pointe, die das Denken selbst verunsichert – denn sie stellt infrage, ob es je ein Denken gab, das nicht schon durch die Warenform hindurchgegangen ist. Was sich hier offenbart, ist eine tiefe Dialektik: Das abstrakte Denken, das die Welt erklären will, ist selbst ein Produkt jener Welt, die es zu begreifen beansprucht. So bleibt das Denken – selbst in seiner kühnsten Abstraktion – dem Bann der gesellschaftlichen Form verhaftet, die es hervorbringt.

In dieser Perspektive wird die Einführung des Münzgeldes zu mehr als einem ökonomischen Ereignis: Sie ist die stille Revolution der Form, der Ursprung einer Denkweise, deren Unabhängigkeit sich stets als Illusion erweist.

Mit der Konzeption der „Realabstraktion" schlägt Alfred Sohn-Rethel eine Schneise in das klassische Verständnis des Denkens als einer autonomen, vom gesellschaftlichen Sein losgelösten Aktivität. Seine These, dass der Warentausch nicht nur ökonomische Realität, sondern auch die Geburtsstätte abstrakter Denkformen ist, markiert einen tiefgreifenden epistemologischen Einschnitt. Der Tauschakt – alltäglich, scheinbar trivial – wird bei ihm zur fundamentalen Matrix einer Abstraktionsleistung, die sich nicht nur im Bewusstsein vollzieht, sondern in der Praxis selbst: In dem Moment, in dem zwei qualitativ völlig unterschiedliche Waren als gleichwertig getauscht werden, wird real von ihren konkreten Eigenschaften abstrahiert. Nicht die Reflexion über den Tausch, sondern der Tausch selbst ist der Ort der Abstraktion.

Was Sohn-Rethel hier vorschlägt, ist nicht weniger als eine Umkehrung der erkenntnistheoretischen Blickrichtung: Die Bedingungen der Möglichkeit des Denkens liegen nicht im Subjekt, sondern in den gesellschaftlichen Praktiken, die diesem Subjekt vorausgehen. Damit unterläuft er sowohl idealistische als auch subjektivistische Theorien des Denkens. In einem Akt von stiller Radikalität zeigt er, dass jene Formen, die in der Philosophie als apriorisch gelten – Quantität, Identität, Kausalität – bereits in der gesellschaftlichen Bewegung des Warentauschs vorgeformt sind. Das Denken hat, so könnte man sagen, eine präreflexive Geschichte – und diese Geschichte ist materiell.

Gerade hier setzt Sohn-Rethel eine bedeutende Differenz zu Marx: Während Marx den Ursprung des Werts und damit auch der Abstraktion in der Produktion verortet – in der Arbeit, der Aneignung von Natur, der Herstellung von Gütern –, betont Sohn-Rethel die Zirkulation, also den Akt des Tauschens. Die Realabstraktion entsteht für ihn nicht primär in der Sphäre der Arbeit, sondern dort, wo sich Waren begegnen, ausgetauscht und verglichen werden. Es ist ein theoretischer Perspektivwechsel mit weitreichenden Folgen: Denn während Marx das Denken eher als ideologischen Überbau behandelt, macht Sohn-Rethel deutlich, dass selbst die Kategorien dieses Denkens, die Formen seiner Struktur, bereits Ausdruck der gesellschaftlichen Praxis sind.

Diese Akzentverschiebung bedeutet keine Abkehr vom Marxismus, sondern eine erkenntnistheoretische Zuspitzung: Sohn-Rethel will das marxistische Projekt nicht hinter sich lassen, sondern es materialistisch radikalisieren. In seiner Lektüre erscheint die Kritik der politischen Ökonomie als unvollständig, solange sie nicht die epistemischen Implikationen des Tauschakts durchdringt. In gewisser Weise vollzieht er eine Art materialistische Kant-Korrektur: Die Kategorien des Verstandes sind nicht zeitlose Formen unseres Denkens, sondern gesellschaftlich erzeugte und historisch gewordene Strukturen. Wo Kant den Ursprung der Kategorien im Subjekt suchte, findet Sohn-Rethel ihn in der Objektivität der gesellschaftlichen Praxis – konkret: im Warentausch.

Damit stößt Sohn-Rethel in einen Bereich vor, der im Marxismus lange vernachlässigt worden war: die Frage nach der gesellschaftlichen Genese des Denkens selbst. Während viele marxistische Theoretiker sich auf die Ideologiekritik konzentrierten – also auf den Inhalt des Denkens –, legt er den Fokus auf dessen Form. Diese Form ist nicht neutral. Sie ist nicht ein bloßes Werkzeug, mit dem beliebige Inhalte gedacht werden können. Vielmehr ist sie Ausdruck einer Welt, in der das Gleichsetzen, das Abstrahieren, das Quantifizieren selbst zur zweiten Natur geworden ist.

In diesem Sinne ist die Realabstraktion kein bloß ökonomisches oder erkenntnistheoretisches Phänomen, sondern eine tiefgreifende Struktur der Vergesellschaftung. Sie durchdringt nicht nur die Warenwelt, sondern auch das Denken, das über diese Welt nachzudenken versucht. Die Welt der Tauschwerte erzeugt ein Denken, das auf Abstraktion, Trennung, Generalisierung beruht – und damit genau jene Formen reproduziert, die es scheinbar objektiv beschreibt. Der Geist wird zur Verlängerung der ökonomischen Form – nicht als bloße Ideologie, sondern als Resultat einer Praxis, die ihn konstituiert.

Sohn-Rethels Beitrag liegt also in einer doppelten Bewegung: Er hebt die gesellschaftliche Bedingtheit des Denkens hervor und zugleich dessen strukturelle Gefangenheit in den Formen der kapitalistischen Praxis. Diese Einsicht verändert nicht nur unser Verständnis von Philosophie, sondern auch die Art und Weise, wie wir Gesellschaft analysieren. Denken ist bei ihm kein Ort der letzten Freiheit, sondern der vielleicht subtilste Ausdruck der Unfreiheit – ein Denken, das in seiner Abstraktion die Abstraktionen des Marktes fortschreibt.

Und gerade in dieser Unversöhnlichkeit, in der kompromisslosen Einsicht in die Verschränkung von Geist und Gesellschaft, liegt die radikale Kraft seines Denkens.

Sohn-Rethel und die Kritische Theorie: Ein Rätsel und ein Triumph

Sohn-Rethel war kein Außenseiter im eigentlichen Sinne, aber auch kein fester Bestandteil des engeren Zirkels um Horkheimer und Adorno. Gerade aus dieser Zwischenstellung erwuchs eine besondere Spannung, die sich auch in der Rezeption seines Werks niederschlug. In den Briefen zwischen Adorno und Benjamin wird diese Spannung greifbar: Adorno nennt ihn „So'n Rätsel" – weniger als abschließendes Urteil denn als Ausdruck von Faszination und Verlegenheit. Sohn-Rethels Denken entzog sich der Systematisierung; es war weder ganz Philosophie noch ganz Soziologie, weder orthodoxer Marxismus noch bürgerliche Wissenschaft – und genau darin lag seine Kraft.

Sein Verhältnis zur Kritischen Theorie war ambivalent. Einerseits war er ihr eng verbunden – nicht zuletzt durch persönliche Bekanntschaften mit Horkheimer, Adorno und Benjamin. Andererseits ging er einen eigenständigen Weg, der nicht immer auf Zustimmung stieß. Während sich die Kritische Theorie zunehmend auf Kultur- und Ideologiekritik konzentrierte, hielt Sohn-Rethel unbeirrt an seiner Grundidee fest: dass das Denken selbst – seine Formen und Kategorien – nur im Zusammenhang mit gesellschaftlicher Praxis zu begreifen sei. Und dass diese Praxis im Kapitalismus durch die Realabstraktion des Warentauschs strukturiert ist.

Für die Vertreter der Frankfurter Schule war dies gleichermaßen anregend wie unbequem. Denn Sohn-Rethels Theorie ließ sich nicht ohne Weiteres in die dialektische Tradition Hegels einfügen, die für Adorno zentral war. Seine materialistische Rekonstruktion des Denkens erschien mitunter zu linear, zu monokausal, zu sehr auf einen Ursprung fixiert – und dennoch war sie für die Kritische Theorie unverzichtbar. Sie erinnerte daran, dass die Reflexion über Kultur, Kunst, Subjektivität und Vernunft nicht im luftleeren Raum geschieht, sondern in einem gesellschaftlichen Feld, das tief von ökonomischen Formen durchdrungen ist.

Gerade in dieser Spannung zwischen Nähe und Distanz liegt Sohn-Rethels „Triumph": Er zwang die Kritische Theorie, sich mit ihren eigenen Voraussetzungen auseinanderzusetzen. Sein Werk war eine Provokation – nicht im Sinne des Skandals, sondern im Sinne einer fundamentalen Herausforderung: die erkenntnistheoretischen Grundlagen des Denkens nicht im Subjekt zu verorten, sondern in der gesellschaftlichen Praxis. In einer Zeit, in der sich viele marxistische Theorien entweder in ökonomischen Modellen oder politischer Strategie erschöpften, brachte Sohn-Rethel eine erkenntnistheoretische Tiefe in die Debatte, die bis heute nachwirkt.

Was ihn mit der Kritischen Theorie verband, war weniger ein gemeinsames Vokabular als ein gemeinsamer Impuls: die Unversöhnlichkeit mit den bestehenden Verhältnissen. Auch Sohn-Rethel verstand seine Theorie nicht als neutrale Beschreibung der Welt, sondern als Moment der Kritik – einer Kritik, die nicht nur am Inhalt, sondern an der Form des Denkens selbst ansetzt. Seine Analyse der Realabstraktion war damit nicht nur ein Beitrag zur marxistischen Ökonomie oder zur Erkenntnistheorie, sondern ein Projekt der Aufklärung: aufzuzeigen, dass das Denken nicht frei ist – und dass gerade darin die Möglichkeit seiner Befreiung liegt.

Dass Adorno ihn ein Rätsel nannte, lässt sich daher auch als eine Form der Anerkennung verstehen. Denn was ist ein Rätsel anderes als eine Gestalt, in der sich eine Wahrheit verbirgt, die noch nicht vollständig erschlossen ist? Sohn-Rethels Werk bleibt ein solches Rätsel – nicht, weil es unverständlich wäre, sondern weil es in seiner Radikalität bis heute eine Herausforderung darstellt: die Herausforderung, das Denken selbst nicht nur zu befragen, sondern es in seiner gesellschaftlichen Verfasstheit zu begreifen.

Denn, wie Sohn-Rethel selbst schrieb: *„Nicht das Denken bildet die Gesellschaft ab – die Gesellschaft bildet das Denken."* In dieser Umkehrung liegt der subversive Kern seiner Theorie – und ihr bleibender Anspruch.

Sohn-Rethels Erbe: Denken als gesellschaftliche Praxis und kritische Herausforderung

Der bleibende Beitrag Sohn-Rethels liegt nicht in der Etablierung eines neuen philosophischen Systems, sondern in der beharrlichen Rückführung des Denkens auf seine gesellschaftliche Bedingtheit – eine Rückführung, die sowohl epistemologisch als auch historisch-materialistisch gemeint ist. Indem er zeigte, dass selbst die scheinbar „reinsten" Formen des Denkens – Raum, Zeit, Identität, Substanz – nicht vor aller Erfahrung gegeben, sondern in realen gesellschaftlichen Praktiken wie dem Warentausch angelegt sind, hat er die transzendentale Philosophie in den Boden der Geschichte zurückgeholt. Das Denken steht nicht außerhalb der Welt – es entsteht in ihr, mit ihr, aus ihr. Diese Einsicht ist kein Relativismus, sondern ein Akt der Befreiung: Sie löst das Denken aus dem Mythos seiner Unberührtheit und eröffnet die Möglichkeit, es als historisch veränderbar zu begreifen.

Die Bedeutung dieser Erkenntnis lässt sich kaum überschätzen. Es ist der Versuch, den Blick auf das Denken zu wenden, den es in einer Welt der entgrenzten Märkte, der digitalen Wissensflut und der globalen Finanzströme verdient. Denn die theoretischen Kategorien, die Sohn-Rethel ins Zentrum seiner Kritik stellt – Abstraktion, Objektivierung, Entfremdung – sind keine bloßen Relikte vergangener Zeiten, sondern wirken fort als grundlegende Mechanismen der sozialen Realität. In einer Welt, die immer wieder den Schleier des Abstrakten über ihre eigenen Widersprüche legt, zeigt seine Theorie: Es gibt keine neutrale oder „reine" Form des Denkens. Die Machtverhältnisse, die das Leben der Menschen strukturieren, sind bereits in den Begriffen und Konzepten enthalten, mit denen wir die Welt zu begreifen versuchen.

Und in dieser Bewegung liegt der eigentliche Triumph seiner Theorie: Die Entdeckung, dass die gesellschaftliche Form nicht nur das Leben, sondern auch das Denken strukturiert, macht nicht ohnmächtig, sondern sehfähig. Sie verleiht den Kategorien des Denkens ein Gedächtnis, eine Herkunft, eine kritische Tiefe. Wer Sohn-Rethel liest, wird nicht nur mit einer Theorie konfrontiert, sondern mit einem Anspruch – dem Anspruch, das Denken nicht länger als letzte Instanz zu behandeln, sondern als eine Praxis, die selbst der Kritik bedarf. Das bedeutet, dass die scheinbar festen, universellen Kategorien der Wissenschaft und Philosophie nicht mehr als unveränderliche Wahrheiten betrachtet werden dürfen. Sie sind durchdrungen von der sozialen Wirklichkeit, die sie zugleich hervorbringen und stabilisieren.

Es ist dieser Anspruch, der heute, in einer Zeit algorithmischer Vernunft und globaler Marktlogik, von bedrückender Aktualität bleibt. Die Theorie der Realabstraktion weist weit über ihre historische Ausgangssituation hinaus und bleibt eine offene Herausforderung: zu denken, wie das Denken gemacht ist. Wie werden abstrakte Kategorien in die Welt gesetzt – und wie greifen sie in das Leben der Menschen ein? Welche sozialen und politischen Strukturen werden durch sie gesichert – und welche könnten durch ein anderes, emanzipatorisches Denken ins Wanken gebracht werden? Diese Fragen, die Sohn-Rethel aufwarf, sind heute ebenso dringlich wie zu seiner Zeit.

In dieser Spur wird sein Erbe lesbar – als philosophische Kritik, als Gesellschaftsanalyse, als biografische Spurensuche. Es ist ein Erbe, das in seiner Komplexität und Tiefe die Frage aufwirft, wie wir als Denkende und Handelnde in der Welt jene Realabstraktionen begreifen und überwinden können, die uns oft in ihren Fängen halten. Und vielleicht ist das der tiefste Sinn seiner Theorie: zu zeigen, dass Denken und Leben nie zu trennen sind – und dass gerade darin, in dieser unauflöslichen Verflechtung, die Möglichkeit kritischer Erkenntnis beginnt.

In einer Welt, in der das Denken immer weiter von der materiellen Praxis des Lebens entkoppelt zu werden droht, fordert Sohn-Rethel uns auf, das Denken zurück in die Welt der realen sozialen Verhältnisse zu bringen – nicht als Abstraktion, sondern als konkretes Werkzeug der Veränderung.

„Es kommt darauf an, das Denken nicht nur zu erklären, sondern es zu verändern." – Dieser Satz, eine Paraphrase von Marx' elfter Feuerbachthese, könnte über dem Werk Sohn-Rethels stehen. Denn sein Denken zielt auf nichts Geringeres als die Befreiung der Begriffe – damit sie die Befreiung der Menschen nicht mehr verhindern, sondern ermöglichen.

(2025)

AUS DER HÖHLE DES LÖWEN

Sohn-Rethel beim Mitteleuropäischen Wirtschaftstag

Der kleine Freiburger ça ira Verlag hat sich dankenswerterweise der sicherlich nicht ganz einfachen und schon gar nicht lukrativen Aufgabe angenommen, Alfred Sohn-Rethels Schriften in einer – von Carl Freytag und Oliver Schlaudt vorzüglich edierten Werkausgabe herauszugeben. Nach dem 2012 erschienenen ersten Band, der die frühen Schriften Sohn-Rethels dokumentiert, so u.a. seine Dissertation „Von der Analytik des Wirtschaftens", folgt nun zum Jahresbeginn 2016 der zweite Band.[1] Dieser enthält schwerpunktmäßig die von Sohn-Rethel für den Mitteleuropäischen Wirtschaftstag (MWT) erarbeiteten Analysen, die vor allem im *Deutschen Volkswirt* und den sogenannten *Deutschen Führerbriefen*[2] veröffentlicht wurden sowie seine nicht-öffentlichen Aufzeichnungen und Kommentare. Ergänzt wird das Buch durch Publikationen aus der Nachkriegszeit, die sich der Wirtschaftspolitik im Nazifaschismus widmen und einer beigelegten DVD mit dem Film „Zwischen den Kriegen" des 2014 verstorbenen Autors und Filmemachers Harun Farocki.

Nach einem durch eine Lungenkrankheit erzwungenen zweijährigen Kuraufaufenthalt in Davos waren Sohn-Rethels Bemühungen um eine akademische Karriere Ende der 20er Jahre ins Stocken geraten. So scheiterte zunächst sein Vorhaben, sich bei Emil Lederer zu habilitieren, bei dem er bereits 1928 in Heidelberg über die Grenznutzentheorie Joseph Schumpeters promoviert hatte. Und auch seine Hoffnung, irgendwie am Frankfurter Institut für Sozialforschung unterzukommen, blieb letztlich unerfüllt. Schließlich vermittelte ihm 1931 sein Pflegevater, der Düsseldorfer Stahlindustrielle und Großunternehmer Ernst Poensgen, eine wissenschaftliche Hilfskraftstelle im Mitteleuropäischen Wirtschaftstag (MWT), einem informellen Interessenverband der wirtschaftlich führenden Unternehmen, Banken und Verbände in Deutschland. In seinem kleinen Büro am Berliner Landwehrkanal erhielt der marxistische „Agent" Sohn-Rethel so die einmalige Chance, die Strategien und Arbeitsweisen des Großkapitals nicht nur aus der Binnensicht kennenzulernen, sondern auch mit dem entsprechenden Handwerkszeug des Marxisten zu analysieren und für die linke Opposition der Weimarer Republik fruchtbar zu machen. Freilich sollte Alfred Sohn-Rethel erst vierzig Jahre später die Gelegenheit erhalten, seine damaligen Aufzeichnungen unter dem Titel „Ökonomie und Klassenstruktur des deutschen Faschismus"[3] zu publizieren. Sie stehen in der Fassung der revidierten und erweiterten Ausgabe von 1992 unter dem Titel „Industrie und Nationalsozialismus" im Zentrum des vorliegenden zweiten Bands der Werkausgabe.

Wie Carl Freytag in seinem überaus fakten- und kenntnisreichen Vorwort ausführt, war für Sohn-Rethels Arbeit in der „Höhle des Löwen" (Stephan Berkholz) eine gehörige Portion Mut und Camouflage notwendig. So musste Sohn-Rethel in seinen Beiträgen in den *Deutschen Führerbriefen* und im *Deutschen Volkswirt* „naturgemäß die jeweils geltenden Sprachregelungen einhalten, seinen eigenen marxistischen Standpunkt verbergen und den Vorgaben der MWT-Politik folgen, deren oberstes Ziel die Stärkung des Privatkapitals und die Förderung seiner Stellung im geregelten Kapitalismus war." Mit anderen Worten: Die Taktik bestand darin, die Pläne und Gedanken der herrschenden Klasse in der Sprache des Kapitals, aber mit dem Instrumentarium des kritischen Marxisten offenzulegen. Wie Sohn-Rethel dies gelang und wie er seine Doppelexistenz zu nutzen wusste, um der Linken entsprechende marxistische Analysen aus dem Strategiezentrum des Kapitals zu vermitteln, zeigt exemplarisch sein im Band dokumentierter, zweiteiliger Artikel über „Die soziale Rekonsolidierung des deutschen Kapitalismus" in den *Deutschen Führerbriefen*. Darin entwickelt er – vom vermeintlichen Standpunkt des Kapitals aus – eine glasklare, marxistische Klassenanalyse des aufkommenden NS-Regimes. Wenn Sohn-Rethel etwa die Spaltung der Arbeiterklasse als „notwendige Vorbedingung" des deutschen Nazifaschismus analysiert, lässt sich daraus ebenso die Notwendigkeit des Aufbaus einer Volksfront gegen den NS-Faschismus und die hohe Bedeutung der Geschlossenheit der Arbeiterbewegung herauslesen. „Die notwendige Bedingung jeder sozialen Rekonsolidierung der bürgerlichen Herrschaft, die in Deutschland seit dem Kriege möglich ist, ist die Spaltung der Arbeiterschaft. Jede geschlossene, von unten hervorwachsende Arbeiterbewegung müsste revolutionär sein, und gegen sie wäre diese Herrschaft dauernd nicht zu halten, auch nicht mit den Mitteln der militärischen Gewalt." (ASR, S. 61)

Sohn-Rethel zufolge unterscheiden sich nun auf der gemeinsamen Basis dieser notwendigen Voraussetzung die verschiedenen Systeme der bürgerlichen Konsolidierung nach den Bedingungen, die hinzukommen müssen, um den Staat und das Bürgertum bis in breite Schichten der gespaltenen Arbeiterklasse hinein zu verankern. Für die Konsolidierungsphase zwischen 1924 und 1930 benennt er vor allem die von der Arbeiterbewegung und den Gewerkschaften erkämpften lohn- und sozialpolitischen Errungenschaften. Diese wurden von der deutschen Sozialdemokratie dazu genutzt, den „revolutionären Ansturm" der Arbeiterklasse in einer Art Schleusenmechanismus zu kanalisieren und damit die Spaltung des beschäftigten und fest organisierten Teils der Arbeiterkasse einerseits und des zunehmend verarmenden und erwerbslosen Teils andererseits noch zu vertiefen.

Dabei verlaufe die politische Grenze zwischen Sozialdemokratie und Kommunismus fast genau auf der sozialen und wirtschaftlichen Linie dieses Schleusendamms. „Da zudem aber die sozialdemokratische Ummünzung der Revolution in Sozialpolitik zusammenfiel mit der Verlegung des Kampfes aus den Betrieben und von der Strasse in das Parlament, die Ministerien und die Kanzleien, d.h. mit der Verwandlung des Kampfes »von unten« in die Sicherung »von oben«, waren fortan Sozialdemokratie und Gewerkschaftsbürokratie, mithin aber auch der gesamte von ihnen geführte Teil der Arbeiterschaft mit Haut und Haaren an den bürgerlichen Staat und ihre Machtbeteiligung an ihm gekettet, und zwar solange, als erstens auch nur noch das Geringste von jenen Errungenschaften auf diesem Wege zu verteidigen übrig bleibt und als zweitens die Arbeiterschaft ihrer Führung folgt." (ASR, S. 61)

Aus dieser grundlegenden Analyse ergeben sich für Sohn-Rethel vier wichtige Schlussfolgerungen: „1. Die Politik des »kleineren Übels« ist nicht eine Taktik, sie ist die politische Substanz der Sozialdemokratie. 2. Die Bindung der Gewerkschaftsbürokratie an den staatlichen Weg »von oben« ist zwingender als ihre Bindung … an die Sozialdemokratie und gilt gegenüber jedem bürgerlichen Staat, der sie einbeziehen will. 3. Die Bindung der Gewerkschaftsbürokratie an die Sozialdemokratie steht und fällt politisch mit dem Parlamentarismus. 4. Die Möglichkeit einer liberalen Sozialverfassung des Monopolkapitalismus ist bedingt durch das Vorhandensein eines automatischen Spaltungsmechanismus der Arbeiterschaft." (ASR, S. 61 f)

Nach der Lektüre des Rekonsolidierungsartikels wird nachvollziehbar, dass Sohn-Rethels anonym verfasster Text rasch die Runde machte und bereits kurze Zeit später von Willi Münzenberg im *Roten Aufbau* veröffentlicht und entsprechend kommentiert wurde und warum die im Beitrag entwickelten Erkenntnisse wesentlich in die theoretischen Diskussionen und Strategiepapiere der KPD zu den Reichstagswahlen am 6. November 1932 eingeflossen sind. Wie sehr sich Sohn-Rethel und seine junge Familie indes mit solch subversiven, doppelbödigen Artikeln in Gefahr brachte, war ihm zwar bewusst, nahm er aber bis zu seiner Emigration 1936 offensichtlich billigend in Kauf: „Die Chance, als unerkannter Marxist in eines der inneren Aktionszentren des Finanzkapitals zu gelangen, an einen zentralen Punkt des Umschlags von ökonomischen Interessen und politischen Entscheidungen, und noch dazu an einem solchen Knotenpunkt der Entwicklung, ergibt sich nur äußerst selten und kann dann sehr wertvoll sein, sowohl theoretisch wie praktisch. Ich hätte daher die Position, in der ich mich damals befand, wegen der ungewöhnlichen Möglichkeit des Einblicks, den sie bot, niemals verlassen." (ASR) Tatsächlich wurde Sohn-Rethel dann allerdings aus ganz anderen Gründen als Mitarbeiter des MWT untragbar. Aus Sicherheitsgründen formell bei seiner Mutter in der Neckarstraße in Berlin gemeldet, wohnte er in dieser Zeit aber in der berüchtigten „roten Künstlerkolonie" am ehemaligen Laubenheimer Platz, einer Siedlung, in der vorwiegend der KPD und SPD nahestehende Intellektuelle und Künstler lebten.[4] Bei einer Großrazzia im März 1933 wurde auch Sohn-Rethel festgenommen und nur aufgrund seiner Tätigkeit als Mitarbeiter des MWT nach einigen Tagen wieder aus der Haft entlassen. Damit war sein offizielles Angestelltenverhältnis beim Mitteleuropäischen Wirtschaftstag erledigt, er blieb aber weiterhin dessen freier Mitarbeiter und fand wenig später „eine weniger exponierte Anstellung beim Deutschen Orient Verein, einem „Ableger" des MWT. Ausschlaggebend für seine 1936 erfolgte Emigration in die Schweiz, später nach Frankreich und England, war Sohn-Rethel zufolge letztlich „die drohende Verhaftung durch die Gestapo".

Gemeinsam mit Sohn-Rethels 1992 bei Wagenbach veröffentlichten Buch „Industrie und Nationalsozialismus. Aufzeichnungen aus dem Mitteleuropäischen Wirtschaftstag"[5] bietet der vorliegende Band der Werkausgabe einen hervorragenden Einblick in die Verstrickung der deutschen Wirtschaft und ihrer führenden Charaktermasken in die Verbrechen des Nazifaschismus.

Editorische Notiz: Die hier abgedruckte Rezension wurde 2013 auf der Website des ça ira Verlags veröffentlicht.

[1] Alfred Sohn-Rethel: Die deutsche Wirtschaftspolitik im Übergang zum Nazifaschismus. Analysen 1932-1948 und ergänzende Texte. Herausgegeben von Carl Freytag und Oliver Schlaudt. Mit Beiträgen von Harun Farocki und Madeleine Bernstorff sowie dem Film Zwischen zwei Kriegen von Harun Farocki, Freiburg 2016, ça ira Verlag

[2] Dabei handelt es sich um einen informellen, zweimal wöchentlich verschickten Informationsdienst für die obersten Entscheidungsträger in der Großindustrie, der Politik und des Militärs. Um die naheliegende politische Assoziation mit Adolf Hitler zu vermeiden, wurden die Deutschen Führerbriefe von den Herausgebern Meynen und Reuter 1933 in Deutsche Briefe umbenannt. „Zu ihrer Leserschaft gehörten außer den ‚Herren von der Wirtschaft' die oberen Reichswehrspitzen, Kabinettsmitglieder, führende Großagrarier, die Umgebung Hindenburgs etc. Die Führerbriefe waren also keine Pressekorrespondenz, und Journalisten waren vom Empfang ausgeschlossen." A. Sohn-Rethel, in: Kursbuch, Nr. 21, 1970

[3] Alfred Sohn-Rethel: Ökonomie und Klassenstruktur des deutschen Faschismus. Frankfurt a.M. 1973, Suhrkamp

[4] Carl Freytag zufolge waren Ernst Bloch und Alfred Kantorowicz Nachbarn, Erich Weinert lebte im selben Haus. Dessen Tochter Marianne und Sohn-Rethels Tochter Birgit waren gemeinsam bei den „Thälmann-Pionieren".

[5] Alfred Sohn-Rethel: Industrie und Nationalsozialismus. Aufzeichnungen aus dem »Mitteleuropäischen Wirtschaftstag«. Herausgegeben und eingeleitet von Carl Freytag, Berlin 1992, Wagenbach